PRÉFACE

La collection de guides de conversation "Tout ira bien!", publié par T&P Books, est conçue pour les gens qui voyagent par affaire ou par plaisir. Les guides de conversations contiennent le plus important - l'essentiel pour la communication de base. Il s'agit d'une série indispensable de phrases pour survivre à l'étranger.

Ce guide de conversation vous aidera dans la plupart des cas où vous devez demander quelque chose, trouver une direction, découvrir le prix d'un souvenir, etc. Il peut aussi résoudre des situations de communication difficile lorsque la gesticulation n'aide pas.

Le livre contient beaucoup de phrases qui ont été groupées par thèmes. Vous trouverez aussi un vocabulaire des 3000 mots les plus couramment utilisés. Une autre section du guide contient un glossaire gastronomique qui peut être utile lorsque vous faites le marché ou commandez des plats au restaurant.

Emmenez avec vous un guide de conversation "Tout ira bien!" sur la route et vous aurez un compagnon de voyage irremplaçable qui vous aidera à vous sortir de toutes les situations et vous enseignera à ne pas avoir peur de parler aux étrangers.

TABLE DES MATIÈRES

T&P Books Publishing

T&P Books Publishing

GUIDE DE CONVERSATION
HÉBREU

Par Andrey Taranov

LES PHRASES LES PLUS UTILES

Ce guide de conversation contient les phrases et les questions les plus communes et nécessaires pour communiquer avec des étrangers

T&P BOOKS

Guide de conversation + dictionnaire de 3000 mots

Guide de conversation Français-Hébreu et vocabulaire thématique de 3000 mots

Par Andrey Taranov

La collection de guides de conversation "Tout ira bien!", publiée par T&P Books, est conçue pour les gens qui voyagent par affaire ou par plaisir. Les guides contiennent l'essentiel pour la communication de base. Il s'agit d'une série indispensable de phrases pour "survivre" à l'étranger.

Ce livre inclut un dictionnaire thématique qui contient près de 3000 des mots les plus fréquemment utilisés. Une autre section du guide contient un glossaire gastronomique qui peut être utile lorsque vous faites le marché ou commandez des plats au restaurant.

T&P Books Publishing
www.tpbooks.com

ISBN: 978-1-78716-985-2

Ce livre existe également en format électronique.
Pour plus d'informations, veuillez consulter notre site: www.tpbooks.com
ou rendez-vous sur ceux des grandes librairies en ligne.

PRONONCIATION

Nom de la lettre	Lettre	Exemple en hébreu	Alphabet phonétique T&P	Exemple en français
Aleph	א	אריה	[a], [ɑ:]	classe
	א	אחד	[ɛ], [ɛ:]	arène
	א	מָאָה	['] (hamza)	coup de glotte
Beth	ב	בית	[b]	bureau
Gimel	ג	גמל	[g]	gris
Gimel+geresh	ג'	ג'ונגל	[dʒ]	adjoint
Dalet	ד	דג	[d]	document
He	ה	הר	[h]	[h] aspiré
Vav	ו	וסת	[v]	rivière
Zayin	ז	זאב	[z]	gazeuse
Zayin+geresh	ז'	ז'ורנל	[ʒ]	jeunesse
Het	ח	חוט	[x]	scots - nicht, allemand - Dach
Tet	ט	טוב	[t]	tennis
Yod	י	יום	[j]	maillot
Kaf	כ ך	בריש	[k]	bocal
Lamed	ל	לחם	[l]	vélo
Mem	מ ם	מלך	[m]	minéral
Nun	נ ן	נר	[n]	ananas
Samech	ס	סוס	[s]	syndicat
Ayin	ע	עין	[a], [ɑ:]	classe
	ע	תשעים	['] (ayn)	consonne fricative pharyngale voisée
Pe	פ ף	פיל	[p]	panama
Tsade	צ ץ	צעצוע	[ts]	gratte-ciel
Tsade+geresh	צ'ץ'	צֶ'ק	[tʃ]	match
Qof	ק	קוף	[k]	bocal
Resh	ר	רכבת	[r]	R vibrante
Shin	ש	שלחן, עָשׂרים	[s], [ʃ]	syndicat, chariot
Tav	ת	תפוז	[t]	tennis

LISTE DES ABRÉVIATIONS

⇨ femme	-	en parlant à une femme
⇨ homme	-	en parlant à un homme
couple, hommes ⇨	-	un couple ou des hommes parlent
femme ⇨	-	une femme parle
femme ⇨	-	des femmes parlent
femme ⇨ femme	-	une femme parle à une femme
femme ⇨ homme	-	une femme parle à un homme
homme ⇨	-	un homme parle
homme ⇨ femme	-	un homme parle à une femme
homme ⇨ homme	-	un homme parle à un homme

Abréviations en français

adj	-	adjective
adv	-	adverbe
anim.	-	animé
conj	-	conjonction
dénombr.	-	dénombrable
etc.	-	et cetera
f	-	nom féminin
f pl	-	féminin pluriel
fam.	-	familiar
fem.	-	féminin
form.	-	formal
inanim.	-	inanimé
indénombr.	-	indénombrable
m	-	nom masculin
m pl	-	masculin pluriel
m, f	-	masculin, féminin
masc.	-	masculin
math	-	mathematics
mil.	-	militaire
pl	-	pluriel
prep	-	préposition
pron	-	pronom
qch	-	quelque chose

qn	-	quelqu'un
sing.	-	singulier
v aux	-	verbe auxiliaire
v imp	-	verbe impersonnel
vi	-	verbe intransitif
vi, vt	-	verbe intransitif, transitif
vp	-	verbe pronominal
vt	-	verbe transitif

Abréviations en hébreu

ז	-	masculin
ז"ר	-	masculin pluriel
ז, נ	-	masculin, féminin
נ	-	féminin
נ"ר	-	féminin pluriel

GUIDE DE CONVERSATION HÉBREU

Cette section contient
des phrases importantes
qui peuvent être utiles dans
des situations courantes.
Le guide vous aidera
à demander des directions,
clarifier le prix, acheter
des billets et commander
des plats au restaurant

T&P Books Publishing

CONTENU DU GUIDE DE CONVERSATION

T&P Books Publishing

Excusez-moi, ... (⇒ homme)	slaχ li, ... ,סלח לי
Excusez-moi, ... (⇒ femme)	silχi li, ... ,סלחי לי
Bonjour	ʃalom. שלום.
Merci	toda. תודה.
Au revoir	lehitra'ot. להתראות.

Oui	ken. כן.
Non	lo. לא.
Je ne sais pas. (homme ⇒)	ani lo yo'de'a. אני לא יודע.
Je ne sais pas. (femme ⇒)	ani lo yo'da'at. אני לא יודעת.
Où? | Où? | Quand?	eifo? | le'an? | matai? איפה? |לאן? |מתי?

J'ai besoin de ... (homme ⇒)	ani tsariχ ... ... אני צריך
J'ai besoin de ... (femme ⇒)	ani tsriχa ... ... אני צריכה
Je veux ... (homme ⇒)	ani rotse ... ... אני רוצה
Je veux ... (femme ⇒)	ani rotsa ... ... אני רוצה

Avez-vous ... ? (⇒ homme)	ha'im yeʃ leχa ...? ?... האם יש לך
Avez-vous ... ? (⇒ femme)	ha'im yeʃ laχ ...? ?... האם יש לך
Est-ce qu'il y a ... ici?	ha'im yeʃ po ...? ?... האם יש פה
Puis-je ... ? (homme ⇒)	ha'im ani yaχol ...? ?... האם אני יכול
Puis-je ... ? (femme ⇒)	ha'im ani yeχola ...? ?... האם אני יכולה
s'il vous plaît (pour une demande)	..., bevakaʃa ... ,בבקשה

Je cherche … (homme ⇒)	ani meχapes … **אני מחפש ...**
Je cherche … (femme ⇒)	ani meχa'peset … **אני מחפשת ...**
les toilettes	ſerutim **שירותים**
un distributeur	kaspomat **כספומט**
une pharmacie	beit mer'kaχat **בית מרקחת**
l'hôpital	beit χolim **בית חולים**
le commissariat de police	taχanat miſtara **תחנת משטרה**
une station de métro	ra'kevet taχtit **רכבת תחתית**
un taxi	monit, 'teksi **מונית, טקסי**
la gare	taχanat ra'kevet **תחנת רכבת**

Je m'appelle …	kor'im li … **קוראים לי ...**
Comment vous appelez-vous? (⇒ homme)	eiχ kor'im leχa? **איך קוראים לך?**
Comment vous appelez-vous? (⇒ femme)	eiχ kor'im laχ? **איך קוראים לך?**
Aidez-moi, s'il vous plaît. (⇒ homme)	ha'im ata yaχol la'azor li? **האם אתה יכול לעזור לי?**
Aidez-moi, s'il vous plaît. (⇒ femme)	ha'im at yeχola la'azor li? **האם את יכולה לעזור לי?**
J'ai un problème.	yeſ li be'aya. **יש לי בעייה.**

Je ne me sens pas bien. (homme ⇒)	ani lo margiſ tov. **אני לא מרגיש טוב.**
Je ne me sens pas bien. (femme ⇒)	ani lo margiſa tov. **אני לא מרגישה טוב.**
Appelez une ambulance! (⇒ homme)	hazmen 'ambulans! **הזמן אמבולנס!**
Appelez une ambulance! (⇒ femme)	haz'mini 'ambulans! **הזמיני אמבולנס!**
Puis-je faire un appel? (homme ⇒)	ha'im ani yaχol lehitkaſer? **האם אני יכול להתקשר?**
Puis-je faire un appel? (femme ⇒)	ha'im ani yeχola lehitkaſer? **האם אני יכולה להתקשר?**

Excusez-moi. (homme ⇒)	ani miſta'er. **אני מצטער.**
Excusez-moi. (femme ⇒)	ani miſta''eret. **אני מצטערת.**

Je vous en prie.	ein be'ad ma, bevakaʃa.	אין בעד מה, בבקשה.
je, moi	ani	אני
tu, toi (masc.)	ata	אתה
tu, toi (fem.)	at	את
il	hu	הוא
elle	hi	היא
ils	hem	הם
elles	hen	הן
nous	a'naxnu	אנחנו
vous (masc.)	atem	אתם
vous (fem.)	aten	אתן
Vous (masc.)	ata	אתה
Vous (fem.)	at	את

ENTRÉE	knisa	כניסה
SORTIE	yetsi'a	יציאה
HORS SERVICE | EN PANNE	lo po'el	לא פועל
FERMÉ	sagur	סגור
OUVERT	pa'tuax	פתוח
POUR LES FEMMES	lenaʃim	לנשים
POUR LES HOMMES	ligvarim	לגברים

Questions

Où? (lieu)	eifo? **איפה?**
Où? (direction)	le'an? **לאן?**
D'où?	me"eifo? **מאיפה?**
Pourquoi?	lama? **למה?**
Pour quelle raison?	me"eizo siba? **מאיזו סיבה?**
Quand?	matai? **מתי?**

Combien de temps?	kama zman? **במה זמן?**
À quelle heure?	be"eizo ʃa'a? **באיזו שעה?**
C'est combien?	kama? **במה?**
Avez-vous ... ? (⇨ homme)	ha'im yeʃ leχa ...? **האם יש לך ...?**
Avez-vous ... ? (⇨ femme)	ha'im yeʃ laχ ...? **האם יש לך ...?**
Où est ..., s'il vous plaît?	eifo ...? **איפה ...?**

Quelle heure est-il?	ma haʃa'a? **מה השעה?**
Puis-je faire un appel? (homme ⇨)	ha'im ani yaχol lehitkaʃer? **האם אני יכול להתקשר?**
Puis-je faire un appel? (femme ⇨)	ha'im ani yeχola lehitkaʃer? **האם אני יכולה להתקשר?**
Qui est là?	mi ʃam? **מי שם?**
Puis-je fumer ici?	ha'im mutar le'aʃen kan? **האם מותר לעשן כאן?**
Puis-je ...? (homme ⇨)	ha'im ani yaχol ...? **האם אני יכול ...?**
Puis-je ...? (femme ⇨)	ha'im ani yeχola ...? **האם אני יכולה ...?**

Besoins

Je voudrais … (homme ⇨)	ha'yiti roʦe … **הייתי רוצה …**
Je voudrais … (femme ⇨)	ha'yiti roʦa … **הייתי רוצה …**
Je ne veux pas … (homme ⇨)	ani lo roʦe … **אני לא רוצה …**
Je ne veux pas … (femme ⇨)	ani lo roʦa … **אני לא רוצה …**
J'ai soif. (homme ⇨)	ani ʦame. **אני צמא.**
J'ai soif. (femme ⇨)	ani ʦme'a. **אני צמאה.**
Je veux dormir.	ani roʦe liʃon. **אני רוצה לישון.**
Je veux … (homme ⇨)	ani roʦe … **אני רוצה …**
Je veux … (femme ⇨)	ani roʦa … **אני רוצה …**

me laver	liʃtof panim veya'dayim **לשטוף פנים וידיים**
brosser mes dents	letsaχ'tseaχ ʃi'nayim **לצחצח שיניים**
me reposer un instant	la'nuaχ ktsat **לנוח קצת**
changer de vêtements	lehaχlif bgadim **להחליף בגדים**
retourner à l'hôtel	laχazor lamalon **לחזור למלון**
acheter …	liknot … **לקנות …**
aller à …	la'leχet le… **ללכת ל …**
visiter …	levaker be… **לבקר ב …**
rencontrer …	lehipageʃ im… **להיפגש עם…**
faire un appel	letalfen, lehitkaʃer **לטלפן, להתקשר**

Je suis fatigué (homme ⇨)	ani ayef. **אני עייף.**
Je suis fatiguée (femme ⇨)	ani ayefa. **אני עייפה.**

Nous sommes fatigués
(couple, hommes ⇨)

a'naχnu ayefim.
אנחנו עייפים.

Nous sommes fatiguées
(femme ⇨)

anaχnu ayefot.
אנחנו עייפות.

J'ai froid.

kar li.
קר לי.

J'ai chaud.

χam li.
חם לי.

Je suis bien.

ani be'seder.
אני בסדר.

Il me faut faire un appel. (homme ⇨)

ani tsariχ lehitkaʃer.
אני צריך להתקשר.

Il me faut faire un appel. (femme ⇨)

ani tsriχa lehitkaʃer.
אני צריכה להתקשר.

J'ai besoin d'aller aux toilettes. (homme ⇨)

ani tsariχ leʃerutim.
אני צריך ללכת לשירותים.

J'ai besoin d'aller aux toilettes. (femme ⇨)

ani tsriχa leʃerutim.
אני צריכה ללכת לשירותים.

Il faut que j'aille. (homme ⇨)

ani tsariχ la'leχet.
אני צריך ללכת.

Il faut que j'aille. (femme ⇨)

ani tsriχa la'leχet.
אני צריכה ללכת.

Je dois partir maintenant. (homme ⇨)

ani χayav la'leχet aχʃav.
אני חייב ללכת עכשיו.

Je dois partir maintenant. (femme ⇨)

ani χa'yevet la'leχet aχʃav.
אני חייבת ללכת עכשיו.

Comment demander la direction

Excusez-moi, … (homme ⇨)

slaχ li, ….
סלח לי, ...

Excusez-moi, … (femme ⇨)

silχi li, ….
סלחי לי, ...

Où est …, s'il vous plaît?

eifo …?
איפה ...?

Dans quelle direction est … ?

eiχ megiˈim le …?
איך מגיעים ל ...?

Pouvez-vous m'aider, s'il vous plaît?
(⇨ homme)

haˈim ata yaχol laˈazor li, bevakaʃa?
האם אתה יכול לעזור לי, בבקשה?

Pouvez-vous m'aider, s'il vous plaît?
(⇨ femme)

haˈim at yeχola laˈazor li, bevakaʃa?
האם את יכולה לעזור לי, בבקשה?

Je cherche … (homme ⇨)

ani meχapes …
אני מחפש ...

Je cherche … (femme ⇨)

ani meχaˈpeset …
אני מחפשת ...

La sortie, s'il vous plaît? (homme ⇨)

ani meχapes et hayetsiˈa.
אני מחפש את היציאה.

La sortie, s'il vous plaît? (femme ⇨)

ani meχaˈpeset et hayetsiˈa.
אני מחפשת את היציאה.

Je vais à … (homme ⇨)

ani holeχ le …
אני הולך ל ...

Je vais à … (femme ⇨)

ani hoˈleχet le …
אני הולכת ל ...

C'est la bonne direction pour …?

haˈim ani bakivun hanaχon le …?
האם אני בכיוון הנכון ל ...?

C'est loin?

haˈim ze raχok?
האם זה רחוק?

Est-ce que je peux y aller à pied?

haˈim efʃar lehagiˈa leʃam baˈregel?
האם אפשר להגיע לשם ברגל?

Pouvez-vous me le montrer sur la carte?
(⇨ homme)

haˈim ata yaχol leharˈot li al hamapa?
האם אתה יכול להראות לי על המפה?

Pouvez-vous me le montrer sur la carte?
(⇨ femme)

haˈim at yeχola leharˈot li al hamapa?
האם את יכולה להראות לי על המפה?

Montrez-moi où sommes-nous,
s'il vous plaît.
(⇨ homme)

harˈe li heiχan ˈanu nimtsaˈim aχʃav.
הראה לי היכן אנו נמצאים עכשיו.

Montrez-moi où sommes-nous,
s'il vous plaît.
(⇨ femme)

harˈi li heiχan ˈanu nimtsaˈim aχʃav.
הראי לי היכן אנו נמצאים עכשיו.

Ici	kan, po
	באן, פה
Là-bas	ʃam
	שם
Par ici	lekan
	לבאן

Tournez à droite. (⇨ homme)	pne ya'mina.
	פנה ימינה.
Tournez à droite. (⇨ femme)	pni ya'mina.
	פני ימינה.
Tournez à gauche. (⇨ homme)	pne 'smola.
	פנה שמאלה.
Tournez à gauche. (⇨ femme)	pni 'smola.
	פני שמאלה.
Prenez la première (deuxième, troisième) rue.	pniya riʃona (ʃniya, ʃliʃit)
	פנייה ראשונה (שנייה, שלישית)
à droite	ya'mina
	ימינה
à gauche	smola
	שמאלה
Continuez tout droit. (⇨ homme)	leχ yaʃar.
	לך ישר.
Continuez tout droit. (⇨ femme)	leχi yaʃar.
	לכי ישר.

Affiches, Pancartes

BIENVENUE!	bruχim haba'im!	ברוכים הבאים!
ENTRÉE	knisa	כניסה
SORTIE	yetsi'a	יציאה

POUSSEZ	dχof	דחוף
TIREZ	mʃoχ	משוך
OUVERT	pa'tuaχ	פתוח
FERMÉ	sagur	סגור

POUR LES FEMMES	lenaʃim	לנשים
POUR LES HOMMES	ligvarim	לגברים
MESSIEURS	gvarim	גברים
FEMMES	naʃim	נשים

RABAIS | SOLDES	hanaχot	הנחות
PROMOTION	mivtsa	מבצע
GRATUIT	χinam, beχinam	חינם, בחינם
NOUVEAU!	χadaʃ!	חדש!
ATTENTION!	sim lev!	שים לב!

COMPLET	ein mekomot pnuyim	אין מקומות פנויים
RÉSERVÉ	ʃamur	שמור
ADMINISTRATION	hanhala	הנהלה
PERSONNEL SEULEMENT	le'ovdim bilvad	לעובדים בלבד

ATTENTION AU CHIEN!	zehirut, 'kelev! **!זהירות כלב**	
NE PAS FUMER!	asur le'aʃen! **!אסור לעשן**	
NE PAS TOUCHER!	asur la'ga'at! **!אסור לגעת**	
DANGEREUX	mesukan **מסוכן**	
DANGER	sakana **סכנה**	
HAUTE TENSION	metaχ ga'voha **מתח גבוה**	
BAIGNADE INTERDITE!	asur lisχot! **!אסור לשחות**	

HORS SERVICE | EN PANNE	lo po'el **לא פועל**	
INFLAMMABLE	dalik **דליק**	
INTERDIT	asur **אסור**	
ENTRÉE INTERDITE!	ein ma'avar **אין מעבר**	
PEINTURE FRAÎCHE	tseva laχ, 'tseva tari **צבע לח, צבע טרי**	

FERMÉ POUR TRAVAUX	sagur leʃiputsim **סגור לשיפוצים**	
TRAVAUX EN COURS	avodot bakviʃ **עבודות בכביש**	
DÉVIATION	ma'akaf **מעקף**	

Transport - Phrases générales

avion	matos מטוס
train	ra'kevet רכבת
bus, autobus	'otobus אוטובוס
ferry	ma'a'boret מעבורת
taxi	monit מונית
voiture	meχonit מכונית
horaire	luaχ zmanim לוח זמנים
Où puis-je voir l'horaire?	heiχan efʃar lir'ot et 'luaχ hazmanim? היכן אפשר לראות את לוח הזמנים?
jours ouvrables	yemei avoda ימי עבודה
jours non ouvrables	sofei ʃa'vu'a סופי שבוע
jours fériés	χagim חגים
DÉPART	hamra'a המראה
ARRIVÉE	neχita נחיתה
RETARDÉE	ikuv עיכוב
ANNULÉE	bitul ביטול
prochain	haba /haba'a/ הבא /הבאה/
premier	riʃon /riʃona/ ראשון /ראשונה/
dernier	aχaron /aχrona/ אחרון /אחרונה/
À quelle heure est le prochain ...?	matai ha... haba /haba'a/? מתי ה ... הבא /הבאה/?
À quelle heure est le premier ...?	matai ha... hariʃon /hariʃona/? מתי ה ... הראשון /הראשונה/?

À quelle heure est le dernier ...?

matai ha... ha'aχaron /ha'aχrona/?
מתי ה ... האחרון /האחרונה/?

correspondance

haχlafa, ko'nekʃen
החלפה, קונקשן

prendre la correspondance

la'asot haχlafa
לעשות החלפה

Dois-je prendre la correspondance?
(homme ⇒)

ha'im ani tsariχ la'asot haχlafa?
האם אני צריך לעשות החלפה?

Dois-je prendre la correspondance?
(femme ⇒)

ha'im ani tsriχa la'asot haχlafa?
האם אני צריכה לעשות החלפה?

Acheter un billet

Où puis-je acheter des billets?	heiχan efʃar liknot kartisim? היכן אפשר לקנות כרטיסים?
billet	kartis כרטיס
acheter un billet	liknot kartis לקנות כרטיס
le prix d'un billet	meχir kartis מחיר כרטיס

Pour aller où?	le'an? לאן?
Quelle destination?	le''eizo taχana? לאיזו תחנה?
Je voudrais … (homme ⇨)	ani tsariχ … אני צריך ...
Je voudrais … (femme ⇨)	ani tsriχa … אני צריכה ...
un billet	kartis eχad כרטיס אחד
deux billets	ʃnei kartisim שני כרטיסים
trois billets	ʃloʃa kartisim שלושה כרטיסים
aller simple	kivun eχad כיוון אחד
aller-retour	haloχ vaʃov הלוך ושוב
première classe	maχlaka riʃona מחלקה ראשונה
classe économique	maχlaka ʃniya מחלקה שנייה

aujourd'hui	hayom היום
demain	maχar מחר
après-demain	maχara'tayim מחרתיים
dans la matinée	ba'boker בבוקר
l'après-midi	aχar hatsaha'rayim אחר הצהריים
dans la soirée	ba''erev בערב

siège côté couloir

moʃav bama'avar
מושב במעבר

siège côté fenêtre

moʃav leyad haχalon
מושב ליד החלון

C'est combien?

kama?
כמה?

Puis-je payer avec la carte?

ha'im efʃar leʃalem bekatrtis aʃrai?
האם אפשר לשלם בברטיס אשראי?

L'autobus

bus, autobus	'otobus אוטובוס
autocar	'otobus bein ironi אוטובוס בין-עירוני
arrêt d'autobus	taχanat 'otobus תחנת אוטובוס
Où est l'arrêt d'autobus le plus proche?	eifo taχanat ha''otobus hakrova beyoter? איפה תחנת האוטובוס הקרובה ביותר?
numéro	mispar מספר
Quel bus dois-je prendre pour aller à ...?	eize 'otobus tsariχ la'kaχat kedei leha'gi'a le ...? איזה אוטובוס צריך לקחת כדי להגיע ל ...?
Est-ce que ce bus va à ...?	ha'im ha''otobus haze ma'gi'a le ...? האם האוטובוס הזה מגיע ל ...?
L'autobus passe tous les combien?	ma hatadirut ʃel ha'oto'busim? מה התדירות של האוטובוסים?
chaque quart d'heure	kol χameʃ esre dakot כל חמש עשרה דקות
chaque demi-heure	kol χatsi ʃa'a כל חצי שעה
chaque heure	kol ʃa'a כל שעה
plusieurs fois par jour	mispar pe'amim beyom מספר פעמים ביום
... fois par jour	... pe'amim beyom ... פעמים ביום
horaire	luaχ zmanim לוח זמנים
Où puis-je voir l'horaire?	heiχan efʃar lir'ot et 'luaχ hazmanim? היכן אפשר לראות את לוח הזמנים?
À quelle heure passe le prochain bus?	matai ha''otobus haba? מתי האוטובוס הבא?
À quelle heure passe le premier bus?	matai ha''otobus hariʃon? מתי האוטובוס הראשון?
À quelle heure passe le dernier bus?	matai ha''otobus ha'aχaron? מתי האוטובוס האחרון?

arrêt	taχanat atsira
	תחנת עצירה
prochain arrêt	hataχana haba'a
	התחנה הבאה
terminus	taχana aχrona
	תחנה אחרונה
Pouvez-vous arrêter ici, s'il vous plaît. (⇨ homme)	atsor kan, bevakaʃa. עצור כאן, בבקשה.
Pouvez-vous arrêter ici, s'il vous plaît. (⇨ femme)	itsri kan, bevakaʃa. עצרי כאן, בבקשה.
Excusez-moi, c'est mon arrêt. (⇨ homme)	slaχ li, zo hataχana ʃeli. סלח לי, זו התחנה שלי.
Excusez-moi, c'est mon arrêt. (⇨ femme)	silχi li, zo hataχana ʃeli. סלחי לי, זו התחנה שלי.

Train

train	ra'kevet רכבת
train de banlieue	ra'kevet parvarim רכבת פרברים
train de grande ligne	ra'kevet bein ironit רכבת בין-עירונית
la gare	taχanat ra'kevet תחנת רכבת
Excusez-moi, où est la sortie vers les quais? (⇨ homme)	slaχ li, 'eifo hayetsi'a laratsif? סלח לי, איפה היציאה לרציף?
Excusez-moi, où est la sortie vers les quais? (⇨ femme)	silχi li, 'eifo hayetsi'a laratsif? סלחי לי, איפה היציאה לרציף?
Est-ce que ce train va à …?	ha'im hara'kevet hazo megi'a le …? האם הרכבת הזו מגיעה ל ...?
le prochain train	hara'kevet haba'a הרכבת הבאה
À quelle heure est le prochain train?	matai hara'kevet haba'a? מתי הרכבת הבאה?
Où puis-je voir l'horaire?	heiχan efʃar lir'ot et 'luaχ hazmanim? היכן אפשר לראות את לוח הזמנים?
De quel quai?	me''eize ratsif? מאיזה רציף?
À quelle heure arrive le train à …?	matai hara'kevet megi'a le …? מתי הרכבת מגיעה ל ...?
Pouvez-vous m'aider, s'il vous plaît? (⇨ homme)	azor li bevakaʃa. עזור לי בבקשה.
Pouvez-vous m'aider, s'il vous plaît? (⇨ femme)	izri li bevakaʃa. עזרי לי בבקשה.
Je cherche ma place. (homme ⇨)	ani meχapes et hamoʃav ʃeli. אני מחפש את המושב שלי.
Je cherche ma place. (femme ⇨)	ani meχa'peset et hamoʃav ʃeli. אני מחפשת את המושב שלי.
Nous cherchons nos places. (couple, hommes ⇨)	anu meχapsim et hamoʃavim ʃe'lanu אנו מחפשים את המושבים שלנו.
Nous cherchons nos places. (femme ⇨)	anu meχapsot et hamoʃavim ʃe'lanu אנו מחפשות את המושבים שלנו.
Ma place est occupée.	hamoʃav ʃeli tafus. המושב שלי תפוס.
Nos places sont occupées.	hamoʃavim ʃe'lanu tfusim. המושבים שלנו תפוסים.
Excusez-moi, mais c'est ma place. (homme ⇨)	ani mitsta'er, aval ze hamoʃav ʃeli. אני מצטער, אבל זה המושב שלי.

Excusez-moi, mais c'est ma place.
(femme ⇨)

ani miţsta"eret, aval ze hamoʃav ʃeli.
אני מצטערת, אבל זה המושב שלי.

Est-ce que cette place est libre?

ha'im hamoʃav haze tafus?
האם המושב הזה תפוס?

Puis-je m'asseoir ici? (homme ⇨)

ha'im ani yaχol la'ʃevet kan?
האם אני יכול לשבת כאן?

Puis-je m'asseoir ici? (femme ⇨)

ha'im ani yeχola laʃevet kan?
האם אני יכולה לשבת כאן?

Sur le train - Dialogue (Pas de billet)

Votre billet, s'il vous plaît.	kartis, bevakaʃa.
	ברטיס, בבקשה.
Je n'ai pas de billet.	ein li kartis.
	אין לי ברטיס.
J'ai perdu mon billet.	i'badti et hakartis ʃeli.
	איבדתי את הברטיס שלי.
J'ai oublié mon billet à la maison.	ʃa'χaχti et hakartis ʃeli ba'bayit
	שבחתי את הברטיס שלי בבית.

Vous pouvez m'acheter un billet. (⇨ homme)	ata yaχol liknot kartis mi'meni.
	אתה יבול לקנות ברטיס ממני.
Vous pouvez m'acheter un billet. (⇨ femme)	at yeχola liknot kartis mi'meni.
	את יבולה לקנות ברטיס ממני.
Vous devrez aussi payer une amende. (⇨ homme)	titstareχ gam leʃalem knas.
	תצטרך גם לשלם קנס.
Vous devrez aussi payer une amende. (⇨ femme)	titstarχi gam leʃalem knas.
	תצטרבי גם לשלם קנס.
D'accord.	okei.
	אוקיי.
Où allez-vous? (⇨ homme)	le'an ata no'seʿa?
	לאן אתה נוסע?
Où allez-vous? (⇨ femme)	le'an at nos'aʿat?
	לאן את נוסעת?
Je vais à ... (homme ⇨)	ani no'seʿa le...
	אני נוסע ל...
Je vais à ... (femme ⇨)	ani nos'aʿat le...
	אני נוסעת ל...

Combien? Je ne comprend pas. (homme ⇨)	kama? ani lo mevin.
	במה? אני לא מבין.
Combien? Je ne comprend pas. (femme ⇨)	kama? ani lo mevina.
	במה? אני לא מבינה.
Pouvez-vous l'écrire, s'il vous plaît. (⇨ homme)	ktov li et ze, bevakaʃa.
	בתוב לי את זה, בבקשה.
Pouvez-vous l'écrire, s'il vous plaît. (⇨ femme)	kitvi li et ze, bevakaʃa.
	בתבי לי את זה, בבקשה.
D'accord. Puis-je payer avec la carte?	okei. ha'im eʃar leʃalem bekartis aʃrai?
	אוקיי. האם אפשר לשלם בברטיס אשראי?
Oui, bien sûr.	ken, eʃar.
	בן, אפשר.
Voici votre reçu. (⇨ homme)	hine hakabala ʃelχa.
	הנה הקבלה שלך.
Voici votre reçu. (⇨ femme)	hine hakabala ʃelaχ'
	הינה הקבלה שלך

Désolé pour l'amende. (homme ⇒)

ani mitsta'er be'kefer laknas.
אני מצטער בקשר לקנס.

Désolé pour l'amende. (femme ⇒)

ani mitsta''eret be'kefer laknas.
אני מצטערת בקשר לקנס.

Ça va. C'est de ma faute.

ze be'seder. zo afmati.
זה בסדר. זו אשמתי.

Bon voyage.

tiyul mehane.
טיול מהנה.

Taxi

taxi	monit מונית
chauffeur de taxi (masc.)	nahag monit נהג מונית
chauffeur de taxi (fem.)	na'heget monit נהגת מונית
prendre un taxi	litpos monit לתפוס מונית
arrêt de taxi	taχanat moniyot תחנת מוניות
Où puis-je trouver un taxi?	eifo efʃar la'kaχat monit? איפה אפשר לקחת מונית?
appeler un taxi	lehazmin monit להזמין מונית
Il me faut un taxi. (homme ⇒)	ani tsariχ monit אני צריך מונית
Il me faut un taxi. (femme ⇒)	ani tsriχa monit אני צריכה מונית
maintenant	aχʃav. עכשיו.
Quelle est votre adresse? (⇒ homme)	ma ha'ktovet ʃelχa? מה הכתובת שלך?
Quelle est votre adresse? (⇒ femme)	ma ha'ktovet ʃelaχ? מה הכתובת שלך?
Mon adresse est ...	ha'ktovet ʃeli hi ... הכתובת שלי היא ...
Votre destination? (⇒ homme)	le'an ata no'se'a? לאן אתה נוסע?
Votre destination? (⇒ femme)	le'an at nos'a'at? לאן את נוסעת?
Excusez-moi, ... (⇒ homme)	slaχ li, ... סלח לי, ...
Excusez-moi, ... (⇒ femme)	silχi li, ... סלחי לי, ...
Vous êtes libre ? (⇒ homme)	ha'im ata panui? האם אתה פנוי?
Vous êtes libre ? (⇒ femme)	ha'im at pnuya? האם את פנויה?
Combien ça coûte pour aller à ...?	kama ze ole lin'so'a le ...? כמה זה עולה לנסוע ל ...?

Vous savez où ça se trouve? (⇨ homme)

ha'im ata yo'de'a 'eifo ze?
האם אתה יודע איפה זה?

Vous savez où ça se trouve? (⇨ femme)

ha'im at yod'a'at 'eifo ze?
האם את יודעת איפה זה?

À l'aéroport, s'il vous plaît.

lisde hate'ufa, bevakaʃa.
לשדה התעופה, בבקשה.

Arrêtez ici, s'il vous plaît. (⇨ homme)

atsor kan, bevakaʃa.
עצור כאן, בבקשה.

Arrêtez ici, s'il vous plaît. (⇨ femme)

itsri kan, bevakaʃa.
עצרי כאן, בבקשה.

Ce n'est pas ici.

ze lo kan.
זה לא כאן.

C'est la mauvaise adresse.

zo lo ha'ktovet haneχona.
זו לא הכתובת הנכונה.

tournez à gauche (⇨ homme)

pne 'smola.
פנה שמאלה.

tournez à gauche (⇨ femme)

pni 'smola.
פני שמאלה.

tournez à droite (⇨ homme)

pne ya'mina.
פנה ימינה.

tournez à droite (⇨ femme)

pni ya'mina.
פני ימינה.

Combien je vous dois? (homme ⇨)

kama me'gi'a leχa?
כמה מגיע לך?

Combien je vous dois? (femme ⇨)

kama me'gi'a laχ?
כמה מגיע לך?

J'aimerais avoir un reçu, s'il vous plaît.

efʃar lekabel kabala, bevakaʃa?
אפשר לקבל קבלה, בבקשה?

Gardez la monnaie. (⇨ homme)

ʃmor et ha''odef.
שמור את העודף.

Gardez la monnaie. (⇨ femme)

ʃimri et ha''odef.
שמרי את העודף.

Attendez-moi, s'il vous plaît …
(⇨ homme)

ha'im ata muχan leχakot li, bevakaʃa?
האם אתה מוכן לחכות לי, בבקשה?

Attendez-moi, s'il vous plaît …
(⇨ femme)

ha'im at muχana leχakot li, bevakaʃa?
האם את מוכנה לחכות לי, בבקשה?

cinq minutes

χameʃ dakot
חמש דקות

dix minutes

eser dakot
עשר דקות

quinze minutes

χameʃ esre dakot
חמש עשרה דקות

vingt minutes

esrim dakot
עשרים דקות

une demi-heure

χatsi ʃa'a
חצי שעה

Hôtel

Bonjour.	ʃalom.
	‎שלום.
Je m'appelle …	kor'im li …
	‎קוראים לי ...
J'ai réservé une chambre.	yeʃ li hazmana.
	‎יש לי הזמנה.

Je voudrais … (homme ⇨)	ani tsariχ …
	‎אני צריך ...
Je voudrais … (femme ⇨)	ani tsriχa …
	‎אני צריכה ...
une chambre simple	χeder leyaχid
	‎חדר ליחיד
une chambre double	χeder zugi
	‎חדר זוגי
C'est combien?	kama ze ole?
	‎במה זה עולה?
C'est un peu cher.	ze ktsat yakar.
	‎זה קצת יקר.

Avez-vous autre chose? (⇨ homme)	ha'im yeʃ leχa 'optsiyot aχerot?
	‎האם יש לך אופציות אחרות?
Avez-vous autre chose? (⇨ femme)	ha'im yeʃ laχ 'optsiyot aχerot?
	‎האם יש לך אופציות אחרות?
Je vais la prendre.	ani ekaχ et ze.
	‎אני אקח את זה.
Je vais payer comptant.	ani eʃalem bimzuman.
	‎אני אשלם במזומן.

J'ai un problème.	yeʃ li be'aya.
	‎יש לי בעיה.
Mon … est cassé. (masc.)	ha… ʃeli mekulkal.
	‎ה... שלי מקולקל.
Ma … est cassée. (fem.)	ha… ʃeli mekul'kelet.
	‎ה... שלי מקולקלת.
Mon … ne fonctionne pas. (masc.)	ha… ʃeli lo oved.
	‎ה... שלי לא עובד.
Ma … ne fonctionne pas. (fem.)	ha… ʃeli lo o'vedet.
	‎ה... שלי לא עובדת.
télé	tele'vizya
	‎טלוויזיה
air conditionné	mizug avir
	‎מיזוג אוויר

robinet	berez
	ברז
douche	mik'laχat
	מקלחת
évier	kiyor
	כיור
coffre-fort	ka'sefet
	כספת
serrure de porte	man'ul
	מנעול
prise électrique	ʃeka
	שקע
sèche-cheveux	meyabeʃ se'ar
	מייבש שיער

Je n'ai pas …	ein li …
	... אין לי
d'eau	mayim
	מים
de lumière	te'ura
	תאורה
d'électricité	χaʃmal
	חשמל

Pouvez-vous me donner …?	ha'im at yeχola latet li …?
	?... האם את יכולה לתת לי
une serviette	ma'gevet
	מגבת
une couverture	smiχa
	שמיכה
des pantoufles	na'alei 'bayit
	נעלי בית
une robe de chambre	χaluk
	חלוק
du shampoing	ʃampo
	שמפו
du savon	sabon
	סבון

Je voudrais changer ma chambre. (homme ⇨)	ani rotse lehaχlif 'χeder.
	אני רוצה להחליף חדר.
Je voudrais changer ma chambre. (femme ⇨)	ani rotsa lehaχlif 'χeder.
	אני רוצה להחליף חדר.
Je ne trouve pas ma clé. (homme ⇨)	ani lo motse et hamaf'teaχ ʃeli.
	אני לא מוצא את המפתח שלי.
Je ne trouve pas ma clé. (femme ⇨)	ani lo motset et hamaf'teaχ ʃeli.
	אני לא מוצאת את המפתח שלי.
Pourriez-vous ouvrir ma chambre, s'il vous plaît?	ha'im ata yaχol lif'toaχ et χadri, bevakaʃa?
	,האם אתה יכול לפתוח את חדרי
	?בבקשה

Qui est là?	mi ʃam? **מי שם?**
Entrez!	hikanes! **היכנס!**
Une minute!	rak 'rega! **רק רגע!**
Pas maintenant, s'il vous plaît.	lo aχʃav, bevakaʃa. **לא עכשיו, בבקשה.**

Pouvez-vous venir à ma chambre, s'il vous plaît.	bo'i leχadri, bevakaʃa. **בואי לחדרי, בבקשה.**
J'aimerais avoir le service d'étage. (homme ⇨)	ani mevakeʃ lehazmin ʃerut χadarim. **אני מבקש להזמין שירות חדרים.**
J'aimerais avoir le service d'étage. (femme ⇨)	ani meva'keʃet lehazmin ʃerut χadarim. **אני מבקשת להזמין שירות חדרים.**
Mon numéro de chambre est le ...	mispar ha'χeder ʃeli hu ... **מספר החדר שלי הוא ...**

Je pars ... (homme ⇨)	ani ozev ... **אני עוזב ...**
Je pars ... (femme ⇨)	ani o'zevet ... **אני עוזבת ...**
Nous partons ... (couple, hommes ⇨)	a'naχnu ozvim ... **אנחנו עוזבים ...**
Nous partons ... (femme ⇨)	a'naχnu ozvot ... **אנחנו עוזבות ...**

maintenant	aχʃav **עכשיו**
cet après-midi	aχar hatsaha'rayim **אחר הצהריים**
ce soir	ha'laila **הלילה**
demain	maχar **מחר**
demain matin	maχar ba'boker **מחר בבוקר**
demain après-midi	maχar ba''erev **מחר בערב**
après-demain	maχara'tayim **מחרתיים**

Je voudrais régler mon compte. (homme ⇨)	ani rotse leʃalem. **אני רוצה לשלם.**
Je voudrais régler mon compte. (femme ⇨)	ani rotsa leʃalem. **אני רוצה לשלם.**

Tout était merveilleux.	hakol haya nehedar. **הכל היה נהדר.**
Où puis-je trouver un taxi?	eifo efʃar la'kaχat monit? **איפה אפשר לקחת מונית?**

Pourriez-vous m'appeler un taxi,
s'il vous plaît? (⇨ homme)

ha'im ata yaχol lehazmin li monit,
bevakaʃa?

**האם אתה יבול להזמין לי מונית,
בבקשה?**

Pourriez-vous m'appeler un taxi,
s'il vous plaît? (⇨ femme)

ha'im at yeχola lehazmin li monit,
bevakaʃa?

**האם את יכולה להזמין לי מונית,
בבקשה?**

Restaurant

Puis-je voir le menu, s'il vous plaît?	ha'im effar lekabel tafrit, bevakaʃa? **האם אפשר לקבל תפריט, בבקשה?**
Une table pour une personne.	ʃulχan leyaχid. **שולחן ליחיד.**
Nous sommes deux (trois, quatre).	a'naχnu 'ʃnayim (ʃloʃa, arba'a). **אנחנו שניים (שלושה, ארבעה).**
Fumeurs	me'aʃnim **מעשנים**
Non-fumeurs	lo me'aʃnim **לא מעשנים**
S'il vous plaît! (⇒ homme)	slaχ li! **סלח לי!**
S'il vous plaît! (⇒ femme)	silχi li! **סלחי לי!**
menu	tafrit **תפריט**
carte des vins	reʃimat yeinot **רשימת יינות**
Le menu, s'il vous plaît.	tafrit, bevakaʃa. **תפריט, בבקשה.**
Êtes-vous prêts à commander? (⇒ homme)	ha'im ata muχan lehazmin? **האם אתה מוכן להזמין?**
Êtes-vous prêtes à commander? (⇒ femme)	ha'im at muχana lehazmin? **האם את מוכנה להזמין?**
Qu'allez-vous prendre? (⇒ homme)	ma tirtse? **מה תרצה?**
Qu'allez-vous prendre? (⇒ femme)	ma tirtsi? **מה תרצי?**
Je vais prendre ... (homme ⇒)	ani rotse ... **אני רוצה ...**
Je vais prendre ... (femme ⇒)	ani rotsa ... **אני רוצה ...**
Je suis végétarien. (homme ⇒)	ani tsimχoni. **אני צמחוני.**
Je suis végétarienne. (femme ⇒)	ani tsimχonit. **אני צמחונית.**
viande	basar **בשר**
poisson	dagim **דגים**
légumes	yerakot **ירקות**

Avez-vous des plats végétariens?

ha'im yeʃ laxem manot tsimxoniyot?
האם יש לכם מנות צמחוניות?

Je ne mange pas de porc. (homme ⇨)

ani lo oxel xazir.
אני לא אוכל חזיר.

Je ne mange pas de porc. (femme ⇨)

ani lo o'xelet xazir.
אני לא אוכלת חזיר.

Il ne mange pas de viande.

hu lo oxel basar.
הוא לא אוכל בשר.

Elle ne mange pas de viande.

hi lo o'xelet basar.
היא לא אוכלת בשר.

Je suis allergique à … (homme ⇨)

ani a'lergi le…
אני אלרגי ל...

Je suis allergique à … (femme ⇨)

ani a'lergit le…
אני אלרגית ל...

Pourriez-vous m'apporter …,
s'il vous plaît. (⇨ homme)

ha'im ata yaxol lehavi li, bevakaʃa, …
האם אתה יכול להביא לי, בבקשה, ...

Pourriez-vous m'apporter …,
s'il vous plaît. (⇨ femme)

ha'im at yexola lehavi li, bevakaʃa, …
האם את יכולה להביא לי, בבקשה, ...

le sel | le poivre | du sucre

melax | 'pilpel | sukar
מלח | פלפל | סוכר

un café | un thé | un dessert

kafe | te | ki'nuax
קפה | תה | קינוח

de l'eau | gazeuse | plate

mayim | mugazim | regilim
מים | מוגזים| רגילים

une cuillère | une fourchette | un couteau

kaf | mazleg | sakin
כף | מזלג | סכין

une assiette | une serviette

tsa'laxat | mapit
צלחת | מפית

Bon appétit!

bete'avon!
בתיאבון!

Un de plus, s'il vous plaît.

od exad /axat/, bevakaʃa.
עוד אחד /אחת/, בבקשה.

C'était délicieux.

ze haya me'od ta'im.
זה היה מאוד טעים.

---

l'addition | de la monnaie | le pourboire

xeʃbon | 'odef | tip
חשבון | עודף | טיפ

L'addition, s'il vous plaît.

xeʃbon, bevakaʃa.
חשבון, בבקשה.

Puis-je payer avec la carte?

ha'im eʃar leʃalem bekatrtis aʃrai?
האם אפשר לשלם בכרטיס אשראי?

Excusez-moi, je crois qu'il y a une
erreur ici. (homme ⇨)

ani mitsta'er, yeʃ kan ta'ut.
אני מצטער, יש כאן טעות.

Excusez-moi, je crois qu'il y a une
erreur ici. (femme ⇨)

ani mitsta''eret, yeʃ kan ta'ut.
אני מצטערת, יש כאן טעות.

Shopping. Faire les Magasins

Est-ce que je peux vous aider? (⇨ homme)	ha'im efʃar la'azor leχa? האם אפשר לעזור לך?
Est-ce que je peux vous aider? (⇨ femme)	ha'im efʃar la'azor laχ? האם אפשר לעזור לך?
Avez-vous … ?	ha'im yeʃ laχem …? האם יש לכם ...?
Je cherche … (homme ⇨)	ani meχapes … אני מחפש ...
Je cherche … (femme ⇨)	ani meχa'peset … אני מחפשת ...
Il me faut … (homme ⇨)	ani tsariχ … אני צריך ...
Il me faut … (femme ⇨)	ani tsriχa … אני צריכה ...

Je regarde seulement, merci. (homme ⇨)	ani rak mistakel. אני רק מסתכל.
Je regarde seulement, merci. (femme ⇨)	ani rak mista'kelet. אני רק מסתכלת.
Nous regardons seulement, merci. (couple, hommes ⇨)	a'naχnu rak mistaklim. אנחנו רק מסתכלים.
Nous regardons seulement, merci. (femme ⇨)	a'naχnu rak mistaklot. אנחנו רק מסתכלות.
Je reviendrai plus tard.	ani aχazor me'uχar yoter. אני אחזור מאוחר יותר.
On reviendra plus tard.	a'naχnu naχazor me'uχar yoter. אנחנו נחזור מאוחר יותר.
Rabais | Soldes	hanaχot | mivtsa הנחות | מבצע

Montrez-moi, s'il vous plaît … (⇨ homme)	ha'im ata yaχol lehar'ot li … האת אתה יכול להראות לי ...
Montrez-moi, s'il vous plaît … (⇨ femme)	ha'im at yeχola lehar'ot li … האת את יכולה להראות לי ...
Donnez-moi, s'il vous plaît … (⇨ homme)	ha'im ata yaχol latet li, bevakaʃa … האם אתה יכול לתת לי, בבקשה ...
Donnez-moi, s'il vous plaît … (⇨ femme)	ha'im at yeχola latet li, bevakaʃa … האם את יכולה לתת לי, בבקשה ...
Est-ce que je peux l'essayer? (homme ⇨)	ha'im ani yaχol limdod et ze? האם אני יכול למדוד את זה?
Est-ce que je peux l'essayer? (femme ⇨)	ha'im ani yeχola limdod et ze? האם אני יכולה למדוד את זה?
Excusez-moi, où est la cabine d'essayage? (⇨ homme)	slaχ li, 'eifo χadar hahalbaʃa? סלח לי, איפה חדר ההלבשה?

Excusez-moi, où est la cabine d'essayage? (⇒ femme)

silχi li, 'eifo χadar hahalbaʃa?

סלחי לי, איפה חדר ההלבשה?

Quelle couleur aimeriez-vous? (⇒ homme)

eize 'tseva ha'yita rotse?

איזה צבע היית רוצה?

Quelle couleur aimeriez-vous? (⇒ femme)

eize 'tseva hayit rotsa?

איזה צבע היית רוצה?

taille | longueur

mida | 'oreχ

מידה | אורך

Est-ce que la taille convient ? (⇒ homme)

ha'im ze mat'im leχa?

האם זה מתאים לך?

Est-ce que la taille convient ? (⇒ femme)

ha'im ze mat'im laχ?

האם זה מתאים לך?

Combien ça coûte?

kama ze ole?

במה זה עולה?

C'est trop cher.

ze yakar midai.

זה יקר מידי.

Je vais le prendre.

ani ekaχ et ze.

אני אקח את זה.

Excusez-moi, où est la caisse? (homme ⇒)

slaχ li, 'eifo meʃalmim?

סלח לי, איפה משלמים?

Excusez-moi, où est la caisse? (femme ⇒)

silχi li, 'eifo 'meʃalmim?

סלחי לי, איפה משלמים?

Payerez-vous comptant ou par carte de crédit? (⇒ homme)

ha'im ata meʃalem bimzuman o bekartis aʃrai?

האם אתה משלם במזומן או בכרטיס אשראי?

Payerez-vous comptant ou par carte de crédit? (⇒ femme)

ha'im at meʃa'lemet bimzuman o bekartis aʃrai?

האם את משלמת במזומן או בכרטיס אשראי?

Comptant | par carte de crédit

bimzuman | bekartis aʃrai

במזומן | בכרטיס אשראי

Voulez-vous un reçu? (⇒ homme)

ha'im ata rotse et hakabala?

האם אתה רוצה את הקבלה?

Voulez-vous un reçu? (⇒ femme)

ha'im at rotsa et hakabala?

האם את רוצה את הקבלה?

Oui, s'il vous plaît.

ken, bevakaʃa.

כן, בבקשה.

Non, ce n'est pas nécessaire.

lo, ze be'seder.

לא, זה בסדר.

Merci. Bonne journée! (⇒ homme)

toda. ʃeyihye leχa yom na'im!

תודה. שיהיה לך יום נעים!

Merci. Bonne journée! (⇒ femme)

toda. ʃeyihye laχ yom na'im!

תודה. שיהיה לך יום נעים!

En ville

Excusez-moi, ... (⇒ homme)	slaχ li, bevakaʃa. סלח לי, בבקשה.
Excusez-moi, ... (⇒ femme)	silχi li, bevakaʃa. סלחי לי, בבקשה.
Je cherche ... (homme ⇒)	ani meχapes ... אני מחפש ...
Je cherche ... (femme ⇒)	ani meχa'peset ... אני מחפשת ...
le métro	ra'kevet taχtit רכבת תחתית
mon hôtel	et hamalon ʃeli את המלון שלי
le cinéma	et hakol'no'a את הקולנוע
un arrêt de taxi	taχanat moniyot תחנת מוניות

un distributeur	kaspomat כספומט
un bureau de change	misrad mat'be'a χuʦ משרד מטבע חוץ
un café internet	beit kafe 'internet בית קפה אינטרנט
la rue ...	reχov ... רחוב ...
cette place-ci	hamakom haze המקום הזה

Savez-vous où se trouve ...? (⇒ homme)	ha'im ata yo'de'a heiχan nimʦa ...? האם אתה יודע היכן נמצא ...?
Savez-vous où se trouve ...? (⇒ femme)	ha'im at yo'da'at heiχan nimʦa ...? האם את יודעת היכן נמצא ...?
Quelle est cette rue?	eize reχov ze? איזה רחוב זה?
Montrez-moi où sommes-nous, s'il vous plaît. (⇒ homme)	har'e li heiχan 'anu nimʦa'im aχʃav. הראה לי היכן אנו נמצאים עכשיו.
Montrez-moi où sommes-nous, s'il vous plaît. (⇒ femme)	har'i li heiχan anu nimʦa'im aχʃav. הראי לי היכן אנו נמצאים עכשיו.
Est-ce que je peux y aller à pied?	ha'im efʃar leha'gi'a leʃam ba'regel? האם אפשר להגיע לשם ברגל?
Avez-vous une carte de la ville? (⇒ homme)	ha'im yeʃ leχa mapa ʃel ha'ir? האם יש לך מפה של העיר?
Avez-vous une carte de la ville? (⇒ femme)	ha'im yeʃ laχ mapa ʃel ha'ir? האם יש לך מפה של העיר?

C'est combien pour un ticket?

kama ole kartis knisa?
במה עולה כרטיס כניסה?

Est-ce que je peux faire des photos?

ha'im mutar letsalem kan?
האם מותר לצלם כאן?

Êtes-vous ouvert?

ha'im atem ptuχim?
האם אתם פתוחים?

À quelle heure ouvrez-vous?

matai atem potχim?
מתי אתם פותחים?

À quelle heure fermez-vous?

matai atem sogrim?
מתי אתם סוגרים?

L'argent

argent	kesef כסף
argent liquide	mezuman מזומן
des billets	ʃtarot 'kesef שטרות כסף
petite monnaie	kesef katan כסף קטן
l'addition | de la monnaie | le pourboire	χeʃbon | 'odef | tip חשבון | עודף | טיפ

carte de crédit	kartis aʃrai ברטיס אשראי
portefeuille	arnak ארנק
acheter	liknot לקנות
payer	leʃalem לשלם
amende	knas קנס
gratuit	χinam חינם

Où puis-je acheter ... ?	eifo efʃar liknot ...? איפה אפשר לקנות ...?
Est-ce que la banque est ouverte en ce moment?	ha'im ha'bank pa'tuaχ aχʃav? האם הבנק פתוח עכשיו?
À quelle heure ouvre-t-elle?	matai ze nisgar? מתי זה נפתח?
À quelle heure ferme-t-elle?	matai ze niftaχ? מתי זה נסגר?

C'est combien?	kama? במה?
Combien ça coûte?	kama ze ole? במה זה עולה?
C'est trop cher.	ze yakar midai. זה יקר מידי.

Excusez-moi, où est la caisse?	sliχa, 'eifo meʃalmim? סליחה, איפה משלמים?
L'addition, s'il vous plaît.	χeʃbon, bevakaʃa. חשבון, בבקשה.

Puis-je payer avec la carte?	ha'im efʃar leʃalem bekatrtis aʃrai? **?האם אפשר לשלם בברטיס אשראי**
Est-ce qu'il y a un distributeur ici?	ha'im yeʃ kan kaspomat? **?האם יש כאן בספומט**
Je cherche un distributeur. (homme ⇒)	ani meχapes kaspomat. **.אני מחפש בספומט**
Je cherche un distributeur. (femme ⇒)	ani meχa'peset kaspomat. **.אני מחפשת בספומט**
Je cherche un bureau de change. (homme ⇒)	ani meχapes misrad mat'be'a χuts. **.אני מחפש משרד מטבע חוץ**
Je cherche un bureau de change. (femme ⇒)	ani meχa'peset misrad mat'be'a χuts. **.אני מחפשת משרד מטבע חוץ**
Je voudrais changer … (homme ⇒)	ani rotse lehaχlif … **... אני רוצה להחליף**
Je voudrais changer … (femme ⇒)	ani rotsa lehaχlif … **... אני רוצה להחליף**
Quel est le taux de change?	ma 'ʃa'ar haχalifin? **?מה שער החליפין**
Avez-vous besoin de mon passeport? (⇒ homme)	ha'im ata tsariχ et hadarkon ʃeli? **?האם אתה צריך את הדרכון שלי**
Avez-vous besoin de mon passeport? (⇒ femme)	ha'im at tsriχa et hadarkon ʃeli? **?האם את צריבה את הדרכון שלי**

Le temps

Quelle heure est-il?	ma haʃaʻa? מה השעה?
Quand?	matai? מתי?
À quelle heure?	be"eizo ʃaʻa? באיזו שעה?
maintenant | plus tard | après …	aχʃav | aχar kaχ | aχrei … עכשיו | אחר כך | אחרי ...

une heure	aχat אחת
une heure et quart	aχat va'reva אחת ורבע
une heure et demie	aχat va'χetsi אחת וחצי
deux heures moins quart	aχat arba'im veχameʃ אחת ארבעים וחמש

un | deux | trois	aχat | ʃ'tayim | ʃaloʃ אחת | שתיים | שלוש
quatre | cinq | six	arba | χameʃ | ʃeʃ ארבע | חמש | שש
sept | huit | neuf	ʃeva | 'ʃmone | 'teʃa שבע | שמונה | תשע
dix | onze | douze	eser | aχat esre | ʃtem esre עשר | אחת עשרה | שתים עשרה

dans …	toχ … תוך ...
cinq minutes	χameʃ dakot חמש דקות
dix minutes	eser dakot עשר דקות
quinze minutes	χameʃ esre dakot חמש עשרה דקות
vingt minutes	esrim dakot עשרים דקות
une demi-heure	χatsi ʃaʻa חצי שעה
une heure	ʃaʻa שעה

dans la matinée	ba'boker
	בבוקר
tôt le matin	mukdam ba'boker, haʃkem ba'boker
	מוקדם בבוקר, השכם בבוקר
ce matin	ha'boker
	הבוקר
demain matin	maχar ba'boker
	מחר בבוקר
à midi	batsaha'rayim
	בצהריים
dans l'après-midi	aχar hatsaha'rayim
	אחר הצהריים
dans la soirée	ba''erev
	בערב
ce soir	ha'laila
	הלילה
la nuit	ba'laila
	בלילה
hier	etmol
	אתמול
aujourd'hui	hayom
	היום
demain	maχar
	מחר
après-demain	maχara'tayim
	מחרתיים
Quel jour sommes-nous aujourd'hui?	eize yom hayom?
	?איזה יום היום
Nous sommes ...	hayom ...
	... היום
lundi	yom ʃeni
	יום שני
mardi	yom ʃliʃi
	יום שלישי
mercredi	yom revi'i
	יום רביעי
jeudi	yom χamiʃi
	יום חמישי
vendredi	yom ʃiʃi
	יום ששי
samedi	ʃabat
	שבת
dimanche	yom riʃon
	יום ראשון

Salutations - Introductions

Enchanté (homme ⇒ homme)
ani sameaχ lehakir otχa.
אני שמח להכיר אותך.

Enchanté (homme ⇒ femme)
ani sameaχ lehakir otaχ.
אני שמח להכיר אותך.

Enchantée (femme ⇒ homme)
ani smeχa lifgoʃ otχa.
אני שמחה לפגוש אותך.

Enchantée (femme ⇒ femme)
ani smeχa lifgoʃ otaχ.
אני שמחה לפגוש אותך.

Bonjour.
ʃalom.
שלום.

Moi aussi.
gam ani.
גם אני.

Je voudrais vous présenter ... (homme ⇒ homme)
ha'yiti rotse ʃetakir et ...
הייתי רוצה שתכיר את ...

Je voudrais vous présenter ... (homme ⇒ femme)
ha'yiti rotse ʃeta'kiri et ...
הייתי רוצה שתכירי את ...

Je voudrais vous présenter ... (femme ⇒ homme)
ha'yiti rotsa ʃetakir et ...
הייתי רוצה שתכיר את ...

Je voudrais vous présenter ... (femme ⇒ femme)
ha'yiti rotsa ʃeta'kiri et ...
הייתי רוצה שתכירי את ...

Ravi de vous rencontrer. (⇒ homme)
na'im lifgoʃ otχa.
נעים לפגוש אותך.

Ravie de vous rencontrer. (⇒ femme)
na'im lifgoʃ otaχ.
נעים לפגוש אותך.

Comment allez-vous? (⇒ homme)
ma ʃlomχa?
מה שלומך?

Comment allez-vous? (⇒ femme)
ma ʃlomeχ?
מה שלומך?

Je m'appelle ...
kor'im li ...
קוראים לי ...

Il s'appelle ...
kor'im lo ...
קוראים לו ...

Elle s'appelle ...
kor'im la ...
קוראים לה ...

Comment vous appelez-vous? (⇒ homme)
eiχ kor'im leχa?
איך קוראים לך?

Comment vous appelez-vous? (⇒ femme)
eiχ kor'im laχ?
איך קוראים לך?

Quel est son nom? (m)
eiχ kor'im lo?
איך קוראים לו?

Quel est son nom? (f)
eiχ kor'im la?
איך קוראים לה?

Quel est votre nom de famille? (⇨ homme)	ma ʃem hamiʃpaχa ʃelχa? **מה שם המשפחה שלך?**
Quel est votre nom de famille? (⇨ femme)	ma ʃem hamiʃpaχa ʃelaχ? **מה שם המשפחה שלך?**
Vous pouvez m'appeler … (⇨ homme)	ata yaχol likro li … **אתה יכול לקרוא לי ...**
Vous pouvez m'appeler … (⇨ femme)	at yeχola likro li … **את יכולה לקרוא לי ...**
D'où êtes-vous? (⇨ homme)	me''eifo ata? **מאיפה אתה?**
D'où êtes-vous? (⇨ femme)	me''eifo at? **מאיפה את?**
Je suis de …	ani mi… **אני מ...**
Qu'est-ce que vous faites dans la vie? (⇨ homme)	bema ata oved? **במה אתה עובד?**
Qu'est-ce que vous faites dans la vie? (⇨ femme)	bema at o'vedet? **במה את עובדת?**

Qui est-ce? (masc.)	mi ze? **מי זה?**
Qui est-ce? (fem.)	mi zo? **מי זו?**
Qui est-il?	mi ze? **מי זה?**
Qui est-elle?	mi zo? **מי זו?**
Qui sont-ils?	mi 'ele? **מי אלה?**

C'est …	ze … **זה ...**
mon ami	χaver ʃeli **חבר שלי**
mon mari	ba'ali **בעלי**
mon père	avi **אבי**
mon frère	aχi **אחי**
mon fils	bni **בני**

C'est …	zo … **זו ...**
mon amie	χavera ʃeli **חברה שלי**
ma femme	iʃti **אשתי**
ma mère	immi **אמי**

ma sœur	aχoti
	אחותי
ma fille	biti
	בתי

C'est notre fils.	ze haben ʃe'lanu.
	זה הבן שלנו.
C'est notre fille.	zo habat ʃe'lanu.
	זו הבת שלנו.
Ce sont mes enfants.	ele hayeladim ʃeli.
	אלה הילדים שלי.
Ce sont nos enfants.	ele hayeladim ʃe'lanu.
	אלה הילדים שלנו.

Les adieux

Au revoir!
ʃalom!
שלום!

Salut!
bai!
ביי!

À demain.
lehitra'ot maxar.
להתראות מחר.

À bientôt.
lehitra'ot bekarov.
להתראות בקרוב.

On se revoit à sept heures.
lehitra'ot be'ʃeva.
להתראות בשבע.

Amusez-vous bien!
asu xayim!
עשו חיים!

On se voit plus tard.
lehiʃta'me'a.
להשתמע.

Bonne fin de semaine.
sof ʃa'vu'a na'im.
סוף שבוע נעים.

Bonne nuit.
laila tov.
לילה טוב.

Il est l'heure que je parte.
hi'gi'a zmani la'lexet.
הגיע זמני ללכת.

Je dois m'en aller. (homme ⇨)
ani xayav la'lexet.
אני חייב ללכת.

Je dois m'en aller. (femme ⇨)
ani xa'yevet la'lexet.
אני חייבת ללכת.

Je reviens tout de suite.
ani axazor miyad.
אני אחזור מייד.

Il est tard.
kvar me'uxar.
כבר מאוחר.

Je dois me lever tôt. (homme ⇨)
ani tsarix lakum mukdam.
אני צריך לקום מוקדם.

Je dois me lever tôt. (femme ⇨)
ani tsrixa lakum mukdam.
אני צריכה לקום מוקדם.

Je pars demain. (homme ⇨)
ani ozev maxar.
אני עוזב מחר.

Je pars demain. (femme ⇨)
ani o'zevet maxar.
אני עוזבת מחר.

Nous partons demain.
(couple, hommes ⇨)
a'naxnu ozvim maxar.
אנחנו עוזבים מחר.

Nous partons demain.
(femme ⇨)
a'naxnu ozvot maxar.
אנחנו עוזבות מחר.

Bon voyage!

nesi'a tova!
נסיעה טובה!

Enchanté de faire votre connaissance.
(⇨ homme)

haya neχmad lifgoʃ otχa.
היה נחמד לפגוש אותך.

Enchantée de faire votre connaissance.
(⇨ femme)

haya neχmad lifgoʃ otaχ.
היה נחמד לפגוש אותך.

Heureux /Heureuse/ d'avoir
parlé avec vous. (⇨ homme)

haya na'im ledaber itχa.
היה נעים לדבר איתך.

Heureuse d'avoir parlé avec vous.
(⇨ femme)

haya na'im ledaber itaχ.
היה נעים לדבר איתך.

Merci pour tout.

toda al hakol.
תודה על הכל.

Je me suis vraiment amusé /amusée/

nehe'neti me'od.
נהניתי מאוד.

Nous nous sommes vraiment
amusés /amusées/

nehe'nenu me'od.
נהנינו מאוד.

C'était vraiment plaisant.

ze haya mamaʃ nehedar.
זה היה ממש נהדר.

Vous allez me manquer. (⇨ homme)

ani etga'a'ge'a e'leχa.
אני אתגעגע אליך.

Vous allez me manquer. (⇨ femme)

ani etga'a'ge'a e'layiχ.
אני אתגעגע אלייך.

Vous allez nous manquer. (⇨ homme)

a'naχnu nitga'a'ge'a e'leχa.
אנחנו נתגעגע אליך.

Vous allez nous manquer. (⇨ femme)

a'naχnu nitga'a'ge'a e'layiχ.
אנחנו נתגעגע אלייך.

Bonne chance!

behatslaχa!
בהצלחה!

Mes salutations à ... (⇨ homme)

msor daʃ le...
מסור ד"ש ל...

Mes salutations à ... (⇨ femme)

misri daʃ le...
מסרי ד"ש ל...

Une langue étrangère

Je ne comprends pas. (homme ⇨)	ani lo mevin. אני לא מבין.
Je ne comprends pas. (femme ⇨)	ani lo mevina. אני לא מבינה.
Écrivez-le, s'il vous plaît. (⇨ homme)	ktov li et ze, bevakaʃa. כתוב לי את זה, בבקשה.
Écrivez-le, s'il vous plaît. (⇨ femme)	kitvi li et ze, bevakaʃa. כתבי לי את זה, בבקשה.
Parlez-vous …? (⇨ homme)	ha'im ata medaber …? האם אתה מדבר ...?
Parlez-vous …? (⇨ femme)	ha'im at meda'beret …? האם את מדברת ...?
Je parle un peu … (homme ⇨)	ani medaber kʦat … אני מדבר קצת ...
Je parle un peu … (femme ⇨)	ani meda'beret kʦat … אני מדברת קצת ...
anglais	anglit אנגלית
turc	turkit טורקית
arabe	aravit ערבית
français	ʦarfatit צרפתית
allemand	germanit גרמנית
italien	italkit איטלקית
espagnol	sfaradit ספרדית
portugais	portu'gezit פורטוגזית
chinois	sinit סינית
japonais	ya'panit יפנית
Pouvez-vous le répéter, s'il vous plaît. (⇨ homme)	ha'im ata yaxol laxazor al ze, bevakaʃa? האם אתה יכול לחזור על זה, בבקשה?
Pouvez-vous le répéter, s'il vous plaît. (⇨ femme)	ha'im at yexola laxazor al ze, bevakaʃa? האם את יכולה לחזור על זה, בבקשה?

Je comprends. (homme ⇨)

ani mevin.
אני מבין.

Je comprends. (femme ⇨)

ani mevina.
אני מבינה.

Je ne comprends pas. (homme ⇨)

ani lo mevin.
אני לא מבין.

Je ne comprends pas. (femme ⇨)

ani lo mevina.
אני לא מבינה.

Parlez plus lentement, s'il vous plaît.
(⇨ homme)

ana daber yoter le'at.
אנא דבר יותר לאט.

Parlez plus lentement, s'il vous plaît.
(⇨ femme)

ana dabri yoter le'at.
אנא דברי יותר לאט.

Est-ce que c'est correct?

ha'im ze naxon?
האם זה נכון?

Qu'est-ce que c'est?

ma ze?
מה זה?

Les excuses

Excusez-moi, s'il vous plaît. (⇨ homme)	slaχ li, bevakaʃa. סלח לי, בבקשה.
Excusez-moi, s'il vous plaît. (⇨ femme)	silχi li, bevakaʃa. סלחי לי, בבקשה.
Je suis désolé. (homme ⇨)	ani mitsta'er. אני מצטער.
Je suis désolée. (femme ⇨)	ani mitsta''eret. אני מצטערת.
Je suis vraiment désolé. (homme ⇨)	ani mamaʃ mitsta'er. אני ממש מצטער.
Je suis vraiment désolée. (femme ⇨)	ani mamaʃ mitsta''eret. אני ממש מצטערת.
Désolé /Désolée/, c'est ma faute.	sliχa, zo aʃmati. סליחה, זו אשמתי.
Au temps pour moi.	ta'ut ʃeli. טעות שלי.
Puis-je … ? (homme ⇨)	ha'im ani yaχol …? האם אני יבול ...?
Puis-je … ? (femme ⇨)	ha'im ani yeχola …? האם אני יבולה ...?
Ça vous dérange si je …? (⇨ homme)	ha'im iχpat leχa im ani …? האם איכפת לך אם אני ...?
Ça vous dérange si je …? (⇨ femme)	ha'im iχpat laχ im ani …? האם איכפת לך אם אני ...?
Ce n'est pas grave.	ze be'seder. זה בסדר.
Ça va.	ze be'seder. זה בסדר.
Ne vous inquiétez pas. (⇨ homme)	al taχʃov al ze. אל תחשוב על זה.
Ne vous inquiétez pas. (⇨ femme)	al taχʃevi al ze. אל תחשבי על זה.

Les accords

Oui	ken. ‫כן.‬
Oui, bien sûr.	ken, bevadai. ‫כן, בוודאי.‬
Bien.	tov! ‫טוב!‬
Très bien.	be'seder gamur. ‫בסדר גמור.‬
Bien sûr!	bevadai! ‫בוודאי!‬
Je suis d'accord. (homme ⇨)	ani maskim. ‫אני מסכים.‬
Je suis d'accord. (femme ⇨)	ani maskima. ‫אני מסכימה.‬

C'est correct.	ze naχon. ‫זה נכון.‬
C'est exact.	ze naχon. ‫זה נכון.‬
Vous avez raison. (⇨ homme)	ata tsodek. ‫אתה צודק.‬
Vous avez raison. (⇨ femme)	at tso'deket. ‫את צודקת.‬
Je ne suis pas contre.	lo meʃane li. ‫לא משנה לי.‬
Tout à fait correct.	naχon me'od. ‫נכון מאוד.‬

C'est possible.	yitaχen, ze efʃari. ‫ייתכן, זה אפשרי.‬
C'est une bonne idée.	ze ra'ayon tov. ‫זה רעיון טוב.‬
Je ne peux pas dire non. (homme ⇨)	ani lo yaχol lesarev. ‫אני לא יכול לסרב.‬
Je ne peux pas dire non. (femme ⇨)	ani lo yeχola lesarev. ‫אני לא יכולה לסרב.‬
J'en serai ravi /ravie/	esmaχ la'asot et ze. ‫אשמח לעשות את זה.‬
Avec plaisir.	bekef. ‫בכיף.‬

Refus, exprimer le doute

Non	lo.
	לא.
Absolument pas.	ba'tuaχ ʃelo.
	בטוח שלא.
Je ne suis pas d'accord. (homme ⇨)	ani lo maskim.
	אני לא מסכים.
Je ne suis pas d'accord. (femme ⇨)	ani lo maskima.
	אני לא מסכימה.
Je ne le crois pas. (homme ⇨)	ani lo χoʃev kaχ.
	אני לא חושב כך.
Je ne le crois pas. (femme ⇨)	ani lo χoʃevet kaχ.
	אני לא חושבת כך.
Ce n'est pas vrai.	ze lo naχon.
	זה לא נכון.

Vous avez tort. (⇨ homme)	ata to'e.
	אתה טועה.
Vous avez tort. (⇨ femme)	at to'a.
	את טועה.
Je pense que vous avez tort. (homme ⇨ homme)	ani χoʃev ʃe'ata to'e.
	אני חושב שאתה טועה.
Je pense que vous avez tort. (homme ⇨ femme)	ani χoʃev ʃe'at to'a.
	אני חושב שאת טועה.
Je pense que vous avez tort. (femme ⇨ homme)	ani χo'ʃevet ʃe'ata to'e.
	אני חושבת שאתה טועה.
Je pense que vous avez tort. (femme ⇨ femme)	ani χo'ʃevet ʃe'at to'a.
	אני חושבת שאת טועה.
Je ne suis pas sûr (homme ⇨)	ani lo ba'tuaχ.
	אני לא בטוח.
Je ne suis pas sûre (femme ⇨)	ani lo betuχa.
	אני לא בטוחה.
C'est impossible.	ze 'bilti efʃari.
	זה בלתי אפשרי.
Pas du tout!	beʃum panim va''ofen lo!
	בשום פנים ואופן לא!

Au contraire!	bediyuk ha'hefeχ.
	בדיוק ההיפך.
Je suis contre. (homme ⇨)	ani mitnaged leze.
	אני מתנגד לזה.
Je suis contre. (femme ⇨)	ani mitna'gedet leze.
	אני מתנגדת לזה.
Ça m'est égal.	lo iχpat li.
	לא איכפת לי.

Je n'ai aucune idée.	ein li musag.
	אין לי מושג.
Je doute que cela soit ainsi. (homme ⇨)	ani lo ba'tuax.
	אני לא בטוח.
Je doute que cela soit ainsi. (femme ⇨)	ani lo betuxa.
	אני לא בטוחה.

Désolé, je ne peux pas. (homme ⇨)	mitsta'er, ani lo yaxol.
	מצטער, אני לא יכול.
Désolée, je ne peux pas. (femme ⇨)	mitsta''eret, ani lo yexola.
	מצטערת, אני לא יכולה.
Désolé, je ne veux pas. (homme ⇨)	mitsta'er, ani lo me'unyan.
	מצטער, אני לא מעוניין.
Désolée, je ne veux pas. (femme ⇨)	mitsta''eret, ani lo me'un'yenet.
	מצטערת, אני לא מעוניינת.
Merci, mais ça ne m'intéresse pas. (homme ⇨)	toda, aval ani lo tsarix et ze.
	תודה, אבל אני לא צריך את זה.
Merci, mais ça ne m'intéresse pas. (femme ⇨)	toda, aval ani lo tsrixa et ze.
	תודה, אבל אני לא צריכה את זה.

Il se fait tard.	matxil lihyot me'uxar.
	מתחיל להיות מאוחר.
Je dois me lever tôt. (homme ⇨)	ani tsarix lakum mukdam.
	אני צריך לקום מוקדם.
Je dois me lever tôt. (femme ⇨)	ani tsrixa lakum mukdam.
	אני צריכה לקום מוקדם.
Je ne me sens pas bien. (homme ⇨)	ani lo margiʃ tov.
	אני לא מרגיש טוב.
Je ne me sens pas bien. (femme ⇨)	ani lo margiʃa tov.
	אני לא מרגישה טוב.

Exprimer la gratitude

Merci.	toda.
	תודה.
Merci beaucoup.	toda raba.
	תודה רבה.
Je l'apprécie beaucoup. (homme ⇨)	ani be'emet ma'ariχ et ze.
	אני באמת מעריך את זה.
Je l'apprécie beaucoup. (femme ⇨)	ani be'emet ma'ariχa et ze.
	אני באמת מעריכה את זה.
Je vous suis très reconnaissant. (homme ⇨ homme)	ani mamaʃ asir toda leχa.
	אני ממש אסיר תודה לך.
Je vous suis très reconnaissant. (homme ⇨ femme)	ani mamaʃ asir toda laχ.
	אני ממש אסיר תודה לך.
Je vous suis très reconnaissante. (femme ⇨ homme)	ani mamaʃ asirat toda leχa.
	אני ממש אסירת תודה לך.
Je vous suis très reconnaissante. (femme ⇨ femme)	ani mamaʃ asirat toda laχ.
	אני ממש אסירת תודה לך.

Merci pour votre temps. (⇨ homme)	toda al hazman ʃehik'daʃta.
	תודה על הזמן שהקדשת.
Merci pour votre temps. (⇨ femme)	toda al hazman ʃehikdaʃt.
	תודה על הזמן שהקדשת.
Merci pour tout.	toda al hakol.
	תודה על הכל.
Merci pour ...	toda al ...
	תודה על ...
votre aide (⇨ homme)	ezratχa
	עזרתך
votre aide (⇨ femme)	ezrateχ
	עזרתך
les bons moments passés	haχavaya hamehana
	החוויה המהנה
un repas merveilleux	aruχa nehe'deret
	ארוחה נהדרת
cette agréable soirée	erev na'im
	ערב נעים
cette merveilleuse journée	yom nifla
	יום נפלא
une excursion extraordinaire	tiyul madhim
	טיול מדהים

Il n'y a pas de quoi.	ein be'ad ma.
	אין בעד מה.
Vous êtes les bienvenus.	bevakaʃa.
	בבקשה.

Mon plaisir.

ein be'ad ma.
אין בעד מה.

J'ai été heureux /heureuse/
de vous aider.

ha"oneg kulo ʃeli.
העונג כולו שלי.

Ça va. N'y pensez plus.

lo meʃane.
לא משנה.

Ne vous inquiétez pas. (⇒ homme)

al tid'ag.
אל תדאג.

Ne vous inquiétez pas. (⇒ femme)

al tid'agi.
אל תדאגי.

Félicitations. Vœux de fête

Félicitations!	birχotai! !ברכותיי
Joyeux anniversaire!	mazal tov leyom hahu'ledet! !מזל טוב ליום ההולדת
Joyeux Noël!	χag molad sa'meaχ! !חג מולד שמח
Bonne Année!	ʃana tova! !שנה טובה
Joyeuses Pâques!	χag pasχa sa'meaχ! !חג פסחא שמח
Joyeux Hanoukka!	χag 'χanuka sa'meaχ! !חג חנוכה שמח
Je voudrais proposer un toast. (homme ⇨)	ani roʦe leharim kosit. .אני רוצה להרים כוסית
Je voudrais proposer un toast. (femme ⇨)	ani roʦa leharim kosit. .אני רוצה להרים כוסית
Santé!	le'χayim! !לחיים
Buvons à …!	bo'u niʃte le …! !... בואו נשתה ל
À notre succès!	lehaʦlaχa'tenu! !להצלחתנו
À votre succès! (⇨ homme)	lehaʦlaχatχa! !להצלחתך
À votre succès! (⇨ femme)	lehaʦlaχateχ! !להצלחתך
Bonne chance!	behaʦlaχa! !בהצלחה
Bonne journée! (⇨ homme)	ʃeyihye leχa yom na'im! !שיהיה לך יום נעים
Bonne journée! (⇨ femme)	ʃeyihye laχ yom na'im! !שיהיה לך יום נעים
Passez de bonnes vacances !	χufʃa ne'ima! !חופשה נעימה
Bon voyage!	nesi'a tova! !נסיעה טובה
Rétablissez-vous vite. (homme ⇨ homme)	ani mekave ʃetaχlim maher! !אני מקווה שתחלים מהר
Rétablissez-vous vite. (homme ⇨ femme)	ani mekave ʃetaχ'limi maher! !אני מקווה שתחלימי מהר

Rétablissez-vous vite. (femme ⇨ homme)   ani mekava ʃetaχlim maher!
אני מקווה שתחלים מהר!

Rétablissez-vous vite. (femme ⇨ femme)   ani mekava ʃetaχ'limi maher!
אני מקווה שתחלימי מהר!

Socialiser

Pourquoi êtes-vous si triste? (⇨ homme)	lama ata atsuv? ?למה אתה עצוב
Pourquoi êtes-vous si triste? (⇨ femme)	lama at atsuva? ?למה את עצובה
Souriez! (⇨ homme)	χayeχ ktsat! !חייך קצת
Souriez! (⇨ femme)	χaiχi ktsat! !חייכי קצת
Êtes-vous libre ce soir? (⇨ homme)	ha'im ata panui ha"erev? ?האם אתה פנוי הערב
Êtes-vous libre ce soir? (⇨ femme)	ha'im at pnuya ha"erev? ?האם את פנויה הערב

Puis-je vous offrir un verre?	ha'im efʃar leha'tsi'a laχ maʃke? ?האם אפשר להציע לך משקה
Voulez-vous danser? (⇨ homme)	ha'im ata rotse lirkod? ?האם אתה רוצה לרקוד
Voulez-vous danser? (⇨ femme)	ha'im at rotsa lirkod? ?האם את רוצה לרקוד
Et si on va au cinéma? (⇨ homme)	bo neleχ le'seret. בוא נלך לסרט.
Et si on va au cinéma? (⇨ femme)	bo'i neleχ le'seret. בואי נלך לסרט.

Puis-je vous inviter ...	ha'im efʃar lehazmin otaχ le ...? ?... האם אפשר להזמין אותך ל
au restaurant	misʿada מסעדה
au cinéma	seret סרט
au théâtre	te'atron תיאטרון
pour une promenade	letiyul ba'regel לטיול ברגל

À quelle heure?	be"eizo ʃa'a? ?באיזו שעה
ce soir	ha'laila הלילה
à six heures	beʃeʃ בשש
à sept heures	be'ʃeva בשבע

à huit heures	bi'ʃmone בשמונה
à neuf heures	be'teʃa בתשע

Est-ce que vous aimez cet endroit? (⇨ homme)	ha'im hamakom motse χen be'ei'neχa? האם המקום מוצא חן בעיניך?
Est-ce que vous aimez cet endroit? (⇨ femme)	ha'im hamakom motse χen be'ei'nayiχ? האם המקום מוצא חן בעינייך?
Êtes-vous ici avec quelqu'un? (⇨ homme)	ha'im ata nimtsa kan im 'miʃehu? האם אתה נמצא כאן עם מישהו?
Êtes-vous ici avec quelqu'un? (⇨ femme)	ha'im at nimtset kan im 'miʃehu? האם את נמצאת כאן עם מישהו?
Je suis avec mon ami.	ani kan im χaver /χavera/. אני כאן עם חבר /חברה/.
Je suis avec mes amis.	ani kan im χaverim. אני כאן עם חברים.
Non, je suis seul /seule/	lo, ani levad. לא, אני לבד.
As-tu un copain?	ha'im yeʃ laχ χaver? האם יש לך חבר?
J'ai un copain.	yeʃ li χaver. יש לי חבר.
As-tu une copine?	ha'im yeʃ leχa χavera? האם יש לך חברה?
J'ai une copine.	yeʃ li χavera. יש לי חברה.

Est-ce que je peux te revoir? (⇨ homme)	ha'im tirtse lehipageʃ ʃuv? האם תרצה להיפגש שוב?
Est-ce que je peux te revoir? (⇨ femme)	ha'im tirtsi lehipageʃ ʃuv? האם תרצי להיפגש שוב?
Est-ce que je peux t'appeler? (homme ⇨ homme)	ha'im ani yaχol lehitkaʃer e'leχa? האם אני יכול להתקשר אליך?
Est-ce que je peux t'appeler? (homme ⇨ femme)	ha'im ani yaχol lehitkaʃer e'layiχ? האם אני יכול להתקשר אלייך?
Est-ce que je peux t'appeler? (femme ⇨ homme)	ha'im ani yeχola lehitkaʃer e'leχa? האם אני יכולה להתקשר אליך?
Est-ce que je peux t'appeler? (femme ⇨ femme)	ha'im ani yeχola lehitkaʃer e'layiχ? האם אני יכולה להתקשר אלייך?
Appelle-moi. (⇨ homme)	hitkaʃer elai. התקשר אליי.
Appelle-moi. (⇨ femme)	hitkaʃri elai. התקשרי אליי.
Quel est ton numéro? (⇨ homme)	ma hamispar ʃelχa? מה המספר שלך?
Quel est ton numéro? (⇨ femme)	ma hamispar ʃelaχ? מה המספר שלך?
Tu me manques. (homme ⇨ homme)	ani mitga'a"ge'a e'leχa. אני מתעגע אליך.
Tu me manques. (homme ⇨ femme)	ani mitga'a"ge'a e'layiχ. אני מתעגע אלייך.

Tu me manques. (femme ⇒ homme)	ani mitgaʻaʻʻgaʻat eʻleχa. אני מתגעגעת אליך.
Tu me manques. (femme ⇒ femme)	ani mitgaʻaʻʻgaʻat eʻlayiχ. אני מתגעגעת אלייך.

Vous avez un très beau nom. (homme ⇒ homme)	yeʃ leχa ʃem maksim. יש לך שם מקסים.
Vous avez un très beau nom. (homme ⇒ femme)	yeʃ laχ ʃem maksim. יש לך שם מקסים.
Je t'aime.	ani ohev otaχ. אני אוהב אותך.
Veux-tu te marier avec moi?	haʼim titχatni iti? האם תתחתני איתי?
Vous plaisantez!	at ʦoʻχeket alai! את צוחקת עליי!
Je plaisante. (homme ⇒)	ani stam mitbaʻdeaχ. אני סתם מתבדח.
Je plaisante. (femme ⇒)	ani stam mitbaʻdaχat. אני סתם מתבדחת.

Êtes-vous sérieux? (⇒ homme)	haʼim ata reʦini? האם אתה רציני?
Êtes-vous sérieuse? (⇒ femme)	haʼim at reʦinit? האם את רצינית?
Je suis sérieux. (homme ⇒)	ani reʦini. אני רציני.
Je suis sérieuse. (femme ⇒)	ani reʦinit. אני רצינית.
Vraiment?!	beʼemet?! באמת?!
C'est incroyable!	ze lo yeʼuman! זה לא יאומן!
Je ne vous crois pas. (homme ⇒ homme)	ani lo maʼamin leχa. אני לא מאמין לך.
Je ne vous crois pas. (homme ⇒ femme)	ani lo maʼamin laχ. אני לא מאמין לך.
Je ne vous crois pas. (femme ⇒ homme)	ani lo maʼamina leχa. אני לא מאמינה לך.
Je ne vous crois pas. (femme ⇒ femme)	ani lo maʼamina laχ. אני לא מאמינה לך.

Je ne peux pas. (homme ⇒)	ani lo yaχol. אני לא יכול.
Je ne peux pas. (femme ⇒)	ani lo yeχola. אני לא יכולה.
Je ne sais pas. (homme ⇒)	ani lo yoʻdeʻa. אני לא יודע.
Je ne sais pas. (femme ⇒)	ani lo yoʻdaʻat. אני לא יודעת.
Je ne vous comprends pas (homme ⇒ homme)	ani lo mevin otχa. אני לא מבין אותך.
Je ne vous comprends pas (homme ⇒ femme)	ani lo mevin otaχ

	אני לא מבין אותך.
Je ne vous comprends pas (femme ⇒ homme)	ani lo mevina otχa. אני לא מבינה אותך.
Je ne vous comprends pas (femme ⇒ femme)	ani lo mevina otaχ. אני לא מבינה אותך.
Laissez-moi! Allez-vous-en! (⇒ homme)	leχ mipo bevakaʃa. לך מפה בבקשה.
Laissez-moi! Allez-vous-en! (⇒ femme)	leχi mipo bevakaʃa. לכי מפה בבקשה.
Laissez-moi tranquille! (⇒ homme)	azov oti! עזוב אותי!
Laissez-moi tranquille! (⇒ femme)	izvi oti! עזבי אותי!

Je ne le supporte pas. (homme ⇒)	ani lo sovel oto. אני לא סובל אותו.
Je ne le supporte pas. (femme ⇒)	ani lo so'velet oto. אני לא סובלת אותו.
Vous êtes dégoûtant! (⇒ homme)	ata mag'il! אתה מגעיל!
Vous êtes dégoûtante! (⇒ femme)	at mag'ila! את מגעילה!
Je vais appeler la police!	ani azmin miʃtara! אני אזמין משטרה!

Partager des impressions. Émotions

J'aime ça.	ze motse χen be'einai. ‏זה מוצא חן בעיניי.‏
C'est gentil.	neχmad me'od. ‏נחמד מאוד.‏
C'est super!	ze nehedar! ‏זה נהדר!‏
C'est assez bien.	ze lo ra. ‏זה לא רע.‏
Je n'aime pas ça.	ze lo motse χen be'einai. ‏זה לא מוצא חן בעיניי.‏
Ce n'est pas bien.	ze lo yafe. ‏זה לא יפה.‏
C'est mauvais.	ze ra. ‏זה רע.‏
Ce n'est pas bien du tout.	ze ra me'od. ‏זה רע מאוד.‏
C'est dégoûtant.	ze mag'il. ‏זה מגעיל.‏
Je suis content. (homme ⇨)	ani me'uʃar. ‏אני מאושר.‏
Je suis contente. (femme ⇨)	ani me'u'ʃeret. ‏אני מאושרת.‏
Je suis heureux. (homme ⇨)	ani merutse. ‏אני מרוצה.‏
Je suis heureuse. (femme ⇨)	ani merutsa. ‏אני מרוצה.‏
Je suis amoureux. (homme ⇨)	ani me'ohav. ‏אני מאוהב.‏
Je suis amoureuse. (femme ⇨)	ani me'o'hevet. ‏אני מאוהבת.‏
Je suis calme. (homme ⇨)	ani ra'gu'a. ‏אני רגוע.‏
Je suis calme. (femme ⇨)	ani regu'a. ‏אני רגועה.‏
Je m'ennuie. (homme ⇨)	ani meʃu'amam. ‏אני משועמם.‏
Je m'ennuie. (femme ⇨)	ani meʃu'a'memet. ‏אני משועממת.‏
Je suis fatigué. (homme ⇨)	ani ayef. ‏אני עייף.‏
Je suis fatiguée. (femme ⇨)	ani ayefa. ‏אני עייפה.‏

Je suis triste. (homme ⇨)   ani atsuv.
אני עצוב.

Je suis triste. (femme ⇨)   ani atsuva.
אני עצובה.

J'ai peur. (homme ⇨)   ani poχed.
אני פוחד.

J'ai peur. (femme ⇨)   ani po'χedet.
אני פוחדת.

Je suis fâché. (homme ⇨)   ani koʻes.
אני בועס.

Je suis fâchée. (femme ⇨)   ani koʺeset.
אני בועסת.

Je suis inquiet. (homme ⇨)   ani mudʾag.
אני מודאג.

Je suis inquiète. (femme ⇨)   ani mudʺeget.
אני מודאגת.

Je suis nerveux. (homme ⇨)   ani atsbani.
אני עצבני.

Je suis nerveuse. (femme ⇨)   ani atsbanit.
אני עצבנית.

Je suis jaloux. (homme ⇨)   ani mekane.
אני מקנא.

Je suis jalouse. (femme ⇨)   ani mekanet.
אני מקנאת.

Je suis surpris. (homme ⇨)   ani mufta.
אני מופתע.

Je suis surprise. (femme ⇨)   ani muf'ta'at.
אני מופתעת.

Je suis gêné. (homme ⇨)   ani mevulbal.
אני מבולבל.

Je suis gênée. (femme ⇨)   ani mevul'belet.
אני מבולבלת.

Problèmes. Accidents

J'ai un problème.	yeʃ li be'aya. יש לי בעייה.
Nous avons un problème.	yeʃ 'lanu be'aya. יש לנו בעייה.
Je suis perdu /perdue/	ha'laχti le'ibud. הלכתי לאיבוד.
J'ai manqué le dernier bus.	fis'fasti et ha''otobus ha'aχaron. פספסתי את האוטובוס האחרון.
J'ai manqué le dernier train.	fis'fasti et hara'kevet ha'aχrona. פספסתי את הרכבת האחרונה.
Je n'ai plus d'argent.	niʃ''arti bli 'kesef. נשארתי בלי כסף.

J'ai perdu mon ...	i'badti et ha... ʃeli איבדתי את ה... שלי
On m'a volé mon ...	miʃehu ganav et ha... ʃeli מישהו גנב את ה... שלי
passeport	darkon דרכון
portefeuille	arnak ארנק
papiers	te'udot תעודות
billet	kartis כרטיס

argent	kesef כסף
sac à main	tik yad תיק יד
appareil photo	matslema מצלמה
portable	maχʃev nayad מחשב נייד
ma tablette	maχʃev ʃulχani מחשב שולחני
mobile	telefon nayad טלפון נייד

Au secours!	izru li! עזרו לי!
Qu'est-il arrivé?	ma kara? מה קרה?

un incendie	srefa שריפה
des coups de feu	yeriyot יריות
un meurtre	retsaχ רצח
une explosion	pitsuts פיצוץ
une bagarre	ktata קטטה

Appelez la police!	haz'minu miʃtara !הזמינו משטרה
Dépêchez-vous, s'il vous plaît!	ana maharu! !אנא מהרו
Je cherche le commissariat de police. (homme ⇨)	ani meχapes et taχanat hamiʃtara. .אני מחפש את תחנת המשטרה
Je cherche le commissariat de police. (femme ⇨)	ani meχa'peset et taχanat hamiʃtara. .אני מחפשת את תחנת המשטרה
Il me faut faire un appel. (homme ⇨)	ani tsariχ lehitkaʃer. .אני צריך להתקשר
Il me faut faire un appel. (femme ⇨)	ani tsriχa lehitkaʃer. .אני צריכה להתקשר
Puis-je utiliser votre téléphone? (⇨ homme)	ha'im efʃar lehiʃtameʃ be'telefon ʃelχa? ?האם אפשר להשתמש בטלפון שלך
Puis-je utiliser votre téléphone? (⇨ femme)	ha'im efʃar lehiʃtameʃ be'telefon ʃelaχ? ?האם אפשר להשתמש בטלפון שלך

J'ai été …	ani … ... אני
agressé /agressée/	hut'kafti הותקפתי
volé /volée/	niʃ'dadti נשדדתי
violée	ne'e'nasti נאנסתי
attaqué /attaquée/	hu'keti הוכיתי

Est-ce que ça va? (⇨ homme)	ha'im ata be'seder? ?האם אתה בסדר
Est-ce que ça va? (⇨ femme)	ha'im at be'seder? ?האם את בסדר
Avez-vous vu qui c'était? (⇨ homme)	ha'im ra''ita mi asa et ze? ?האם ראית מי עשה את זה
Avez-vous vu qui c'était? (⇨ femme)	ha'im ra'it mi asa et ze? ?האם ראית מי עשה את זה
Pourriez-vous reconnaître cette personne? (⇨ homme)	ha'im tuχal lezahot et oto adam? ?האם תוכל לזהות את אותו אדם
Pourriez-vous reconnaître cette personne? (⇨ femme)	ha'im tuχli lezahot et oto adam? ?האם תוכלי לזהות את אותו אדם

Vous êtes sûr? (⇒ homme)	ha'im ata ba'tuaχ?
	?האם אתה בטוח
Vous êtes sûr? (⇒ femme)	ha'im at betuχa?
	?האם את בטוחה

Calmez-vous, s'il vous plaît. (⇒ homme)	heraga, bevakaʃa.
	.הירגע בבקשה
Calmez-vous, s'il vous plaît. (⇒ femme)	herag'i, bevakaʃa.
	.הירגעי בבקשה
Calmez-vous! (⇒ homme)	teraga!
	!תירגע
Calmez-vous! (⇒ femme)	terag'i!
	!תירגעי
Ne vous inquiétez pas. (⇒ homme)	al tid'ag!
	!אל תדאג
Ne vous inquiétez pas. (⇒ femme)	al tid'agi!
	!אל תדאגי
Tout ira bien.	hakol yihye be'seder.
	.הכל יהיה בסדר
Ça va. Tout va bien.	hakol be'seder.
	.הכל בסדר

Venez ici, s'il vous plaît. (⇒ homme)	bo 'hena, bevakaʃa.
	.בוא הנה, בבקשה
Venez ici, s'il vous plaît. (⇒ femme)	bo'i 'hena, bevakaʃa.
	.בואי הנה, בבקשה
J'ai des questions à vous poser. (⇒ homme)	yeʃ li 'kama ʃe'elot e'leχa.
	.יש לי כמה שאלות אליך
J'ai des questions à vous poser. (⇒ femme)	yeʃ li 'kama ʃe'elot e'layiχ.
	.יש לי כמה שאלות אלייך
Attendez un moment, s'il vous plaît. (⇒ homme)	χake 'rega, bevakaʃa.
	.חכה רגע, בבקשה
Attendez un moment, s'il vous plaît. (⇒ femme)	χaki 'rega, bevakaʃa.
	.חכי רגע, בבקשה
Avez-vous une carte d'identité? (⇒ homme)	ha'im yeʃ leχa te'uda mezaha?
	?האם יש לך תעודה מזהה
Avez-vous une carte d'identité? (⇒ femme)	ha'im yeʃ laχ te'uda mezaha?
	?האם יש לך תעודה מזהה
Merci. Vous pouvez partir maintenant. (⇒ homme)	toda. ata yaχol la'leχet aχʃav.
	.תודה. אתה יכול ללכת עכשיו
Merci. Vous pouvez partir maintenant. (⇒ femme)	toda. at yeχola la'leχet aχʃav.
	.תודה. את יכולה ללכת עכשיו
Les mains derrière la tête!	ya'dayim aχarei haroʃ!
	!ידיים אחרי הראש
Vous êtes arrêté! (⇒ homme)	ata atsur!
	!אתה עצור
Vous êtes arrêtée! (⇒ femme)	at atsura!
	!את עצורה

Problèmes de santé

Aidez-moi, s'il vous plaît. (⇒ homme)	azor li bevaka∫a. **עזור לי בבקשה.**
Aidez-moi, s'il vous plaît. (⇒ femme)	izri li bevaka∫a. **עזרי לי בבקשה.**
Je ne me sens pas bien. (homme ⇒)	ani lo margi∫ tov. **אני לא מרגיש טוב.**
Je ne me sens pas bien. (femme ⇒)	ani lo margi∫a tov. **אני לא מרגישה טוב.**
Mon mari ne se sent pas bien.	ba'ali lo margi∫ tov. **בעלי לא מרגיש טוב.**
Mon fils ...	haben ∫eli ... **הבן שלי ...**
Mon père ...	avi ... **אבי ...**
Ma femme ne se sent pas bien.	i∫ti lo margi∫a tov. **אשתי לא מרגישה טוב.**
Ma fille ...	habat ∫eli ... **הבת שלי ...**
Ma mère ...	immi ... **אמי ...**
J'ai mal ...	ye∫ li ... **יש לי ...**
à la tête	ke'ev ro∫ **כאב ראש**
à la gorge	ke'ev garon **כאב גרון**
à l'estomac	ke'ev 'beten **כאב בטן**
aux dents	ke'ev ∫i'nayim **כאב שיניים**
J'ai le vertige.	ye∫ li sχar'χoret. **יש לי סחרחורת.**
Il a de la fièvre.	ye∫ lo χom. **יש לו חום.**
Elle a de la fièvre.	ye∫ la χom. **יש לה חום.**
Je ne peux pas respirer. (homme ⇒)	ani lo yaχol lin∫om. **אני לא יכול לנשום.**
Je ne peux pas respirer. (femme ⇒)	ani lo yeχola lin∫om. **אני לא יכולה לנשום.**

J'ai du mal à respirer.

yeʃ li 'kotʃer neʃima.
יש לי קוצר נשימה.

Je suis asthmatique. (homme ⇨)

ani ast'mati.
אני אסתמתי.

Je suis asthmatique. (femme ⇨)

ani ast'matit.
אני אסתמתית.

Je suis diabétique.

yeʃ li su'keret.
יש לי סוכרת.

Je ne peux pas dormir. (homme ⇨)

ani lo yaχol liʃon.
אני לא יכול לישון.

Je ne peux pas dormir. (femme ⇨)

ani lo yeχola liʃon.
אני לא יכולה לישון.

intoxication alimentaire

har'alat mazon
הרעלת מזון

Ça fait mal ici.

ko'ev li kan.
כואב לי כאן.

Aidez-moi!

izru li!
עזרו לי!

Je suis ici!

ani po!
אני פה!

Nous sommes ici!

a'naχnu kan!
אנחנו כאן!

Sortez-moi d'ici!

hotʃ'i'u oti mikan!
הוציאו אותי מכאן!

J'ai besoin d'un docteur. (homme ⇨)

ani tsariχ rofe.
אני צריך רופא.

J'ai besoin d'un docteur. (femme ⇨)

ani tsriχa rofe.
אני צריכה רופא.

Je ne peux pas bouger! (homme ⇨)

ani lo yaχol lazuz.
אני לא יכול לזוז.

Je ne peux pas bouger! (femme ⇨)

ani lo yeχola lazuz.
אני לא יכולה לזוז.

Je ne peux pas bouger mes jambes.
(homme ⇨)

ani lo yaχol lehaziz et harag'layim.
אני לא יכול להזיז את הרגליים.

Je ne peux pas bouger mes jambes.
(femme ⇨)

ani lo yeχola lehaziz et harag'layim.
אני לא יכולה להזיז את הרגליים.

Je suis blessé /blessée/

yeʃ li 'petsa.
יש לי פצע.

Est-ce que c'est sérieux?

ha'im ze retsini?
האם זה רציני?

Mes papiers sont dans ma poche.

hate'udot ʃeli bakis.
התעודות שלי בכיס.

Calmez-vous! (⇨ homme)

heraga!
הירגע!

Calmez-vous! (⇨ femme)

herag'i!
הירגעי!

Puis-je utiliser votre téléphone?
(homme ⇨ homme)

ha'im ani yaχol lehiʃtameʃ
ba'telefon ʃelχa?
האם אני יכול להשתמש
בטלפון שלך?

Puis-je utiliser votre téléphone?
(homme ⇒ femme)

ha'im ani yaxol lehiʃtameʃ
ba'telefon ʃelax?
האם אני יכול להשתמש
בטלפון שלך?

Puis-je utiliser votre téléphone?
(femme ⇒ femme)

ha'im ani yexola lehiʃtameʃ
ba'telefon ʃelax?
האם אני יכולה להשתמש
בטלפון שלך?

Puis-je utiliser votre téléphone?
(femme ⇒ homme)

ha'im ani yexola lehiʃtameʃ
ba'telefon ʃelxa?
האם אני יכולה להשתמש
בטלפון שלך?

Appelez une ambulance!

haz'minu 'ambulans!
הזמינו אמבולנס!

C'est urgent!

ze daxuf!
זה דחוף!

C'est une urgence!

ze matsav xerum!
זה מצב חירום!

Dépêchez-vous, s'il vous plaît!

ana maharu!
אנא מהרו!

Appelez le docteur, s'il vous plaît.
(⇒ homme)

ha'im ata yaxol lehazmin rofe, bevakaʃa?
האם אתה יכול להזמין רופא בבקשה?

Appelez le docteur, s'il vous plaît.
(⇒ femme)

ha'im at yexola lehazmin rofe, bevakaʃa?
האם את יכולה להזמין רופא בבקשה?

Où est l'hôpital?

eifo beit haxolim?
איפה בית החולים?

Comment vous sentez-vous?
(⇒ homme)

eix ata margiʃ?
איך אתה מרגיש?

Comment vous sentez-vous?
(⇒ femme)

eix at margiʃa?
איך את מרגישה?

Est-ce que ça va? (⇒ homme)

ha'im ata be'seder?
האם אתה בסדר?

Est-ce que ça va? (⇒ femme)

ha'im at be'seder?
האם את בסדר?

Qu'est-il arrivé?

ma kara?
מה קרה?

Je me sens mieux maintenant.
(homme ⇒)

ani margiʃ yoter tov axʃav.
אני מרגיש טוב יותר עכשיו.

Je me sens mieux maintenant.
(femme ⇒)

ani margiʃa yoter tov axʃav.
אני מרגישה טוב יותר עכשיו.

Ça va. Tout va bien.

ze be'seder.
זה בסדר.

Ça va.

ze be'seder.
זה בסדר.

À la pharmacie

pharmacie	beit mer'kaҳat בית מרקחת
pharmacie 24 heures	beit mer'kaҳat pa'tuaҳ esrim ve'arba ʃaʻot biymama בית מרקחת פתוח עשרים וארבע שעות בימה
Où se trouve la pharmacie la plus proche?	eifo beit hamer'kaҳat hakarov beyoter? איפה בית המרקחת הקרוב ביותר?
Est-elle ouverte en ce moment?	ha'im ze pa'tuaҳ aҳʃav? האם זה פתוח עכשיו?
À quelle heure ouvre-t-elle?	be''eizo ʃaʻa ze niftaҳ? באיזו שעה זה נפתח?
à quelle heure ferme-t-elle?	be''eizo ʃaʻa ze nisgar? באיזו שעה זה נסגר?
C'est loin?	ha'im ze raҳok? האם זה רחוק?
Est-ce que je peux y aller à pied? (homme ⇨)	ha'im ani yaҳol la'leҳet leʃam ba'regel? האם אני יכול ללכת לשם ברגל?
Est-ce que je peux y aller à pied? (femme ⇨)	ha'im ani yeҳola la'leҳet leʃam ba'regel? האם אני יכולה ללכת לשם ברגל?
Pouvez-vous me le montrer sur la carte? (⇨ homme)	ha'im ata yaҳol lehar'ot li al hamapa? האם אתה יכול להראות לי על המפה?
Pouvez-vous me le montrer sur la carte? (⇨ femme)	ha'im at yeҳola lehar'ot li al hamapa? האם את יכולה להראות לי על המפה?
Pouvez-vous me donner quelque chose contre … (⇨ homme)	ten li bevakaʃa 'maʃehu 'neged … תן לי בבקשה משהו נגד …
Pouvez-vous me donner quelque chose contre … (⇨ femme)	tni li bevakaʃa 'maʃehu 'neged … תני לי בבקשה משהו נגד …
le mal de tête	ke'ev roʃ כאב ראש
la toux	ʃi'ul שיעול
le rhume	hitkarerut התקררות
la grippe	ʃa'paʻat שפעת
la fièvre	ҳom חום
un mal d'estomac	ke'ev 'beten כאב בטן

la nausée	bχila בחילה
la diarrhée	ʃilʃul שלשול
la constipation	atsirut עצירות

un mal de dos	ke'ev bagav כאב בגב
les douleurs de poitrine	ke'ev baχaze כאב בחזה
les points de côté	dkirot batsad דקירות בצד
les douleurs abdominales	ke'ev ba'beten כאב בבטן

une pilule	glula גלולה
un onguent, une crème	miʃχa, krem משחה, קרם
un sirop	sirop סירופ
un spray	tarsis תרסיס
les gouttes	tipot טיפות

Vous devez allez à l'hôpital. (⇨ homme)	ata tsariχ la'leχet leveit χolim. אתה צריך ללכת לבית חולים.
Vous devez allez à l'hôpital. (⇨ femme)	at tsriχa la'leχet leveit χolim. את צריכה ללכת לבית חולים.
assurance maladie	bi'tuaχ bri'ut ביטוח בריאות
prescription	mirʃam מרשם
produit anti-insecte	doχe χarakim דוחה חרקים
bandages adhésifs	plaster פלסטר

Les essentiels

Excusez-moi, ... (⇒ homme)	slaχ li, ... **סלח לי, ...**
Excusez-moi, ... (⇒ femme)	silχi li, ... **סלחי לי, ...**
Bonjour	ʃalom. **שלום.**
Merci	toda. **תודה.**
Au revoir	lehitra'ot. **להתראות.**

Oui	ken. **כן.**
Non	lo. **לא.**
Je ne sais pas. (homme ⇒)	ani lo yo'de'a. **אני לא יודע.**
Je ne sais pas. (femme ⇒)	ani lo yo'da'at. **אני לא יודעת.**
Où?	Où?	Quand?	eifo?	le'an?	matai? **איפה?	לאן?	מתי?**

J'ai besoin de ... (homme ⇒)	ani tsariχ ... **אני צריך ...**
J'ai besoin de ... (femme ⇒)	ani tsriχa ... **אני צריכה ...**
Je veux ... (homme ⇒)	ani rotse ... **אני רוצה ...**
Je veux ... (femme ⇒)	ani rotsa ... **אני רוצה ...**

Avez-vous ... ? (⇒ homme)	ha'im yeʃ leχa ...? **האם יש לך ...?**
Avez-vous ... ? (⇒ femme)	ha'im yeʃ laχ ...? **האם יש לך ...?**
Est-ce qu'il y a ... ici?	ha'im yeʃ po ...? **האם יש פה ...?**
Puis-je ... ? (homme ⇒)	ha'im ani yaχol ...? **האם אני יכול ...?**
Puis-je ... ? (femme ⇒)	ha'im ani yeχola ...? **האם אני יכולה ...?**
s'il vous plaît (pour une demande)	..., bevakaʃa **..., בבקשה**

Je cherche … (homme ⇨)	ani meχapes … אני מחפש ...
Je cherche … (femme ⇨)	ani meχa'peset … אני מחפשת ...
les toilettes	ʃerutim שירותים
un distributeur	kaspomat כספומט
une pharmacie	beit mer'kaχat בית מרקחת
l'hôpital	beit χolim בית חולים
le commissariat de police	taχanat miʃtara תחנת משטרה
une station de métro	ra'kevet taχtit רכבת תחתית
un taxi	monit, 'teksi מונית, טקסי
la gare	taχanat ra'kevet תחנת רכבת

Je m'appelle …	kor'im li … קוראים לי ...
Comment vous appelez-vous? (⇨ homme)	eiχ kor'im leχa? איך קוראים לך?
Comment vous appelez-vous? (⇨ femme)	eiχ kor'im laχ? איך קוראים לך?
Aidez-moi, s'il vous plaît. (⇨ homme)	ha'im ata yaχol la'azor li? האם אתה יכול לעזור לי?
Aidez-moi, s'il vous plaît. (⇨ femme)	ha'im at yeχola la'azor li? האם את יכולה לעזור לי?
J'ai un problème.	yeʃ li be'aya. יש לי בעייה.

Je ne me sens pas bien. (homme ⇨)	ani lo margiʃ tov. אני לא מרגיש טוב.
Je ne me sens pas bien. (femme ⇨)	ani lo margiʃa tov. אני לא מרגישה טוב.
Appelez une ambulance! (⇨ homme)	hazmen 'ambulans! הזמן אמבולנס!
Appelez une ambulance! (⇨ femme)	haz'mini 'ambulans! הזמיני אמבולנס!
Puis-je faire un appel? (homme ⇨)	ha'im ani yaχol lehitkaʃer? האם אני יכול להתקשר?
Puis-je faire un appel? (femme ⇨)	ha'im ani yeχola lehitkaʃer? האם אני יכולה להתקשר?

Excusez-moi. (homme ⇨)	ani miʦta'er. אני מצטער.
Excusez-moi. (femme ⇨)	ani miʦta''eret. אני מצטערת.

Je vous en prie.	ein be'ad ma, bevakaʃa. אין בעד מה, בבקשה.
je, moi	ani אני
tu, toi (masc.)	ata אתה
tu, toi (fem.)	at את
il	hu הוא
elle	hi היא
ils	hem הם
elles	hen הן
nous	a'naχnu אנחנו
vous (masc.)	atem אתם
vous (fem.)	aten אתן
Vous (masc.)	ata אתה
Vous (fem.)	at את

ENTRÉE	knisa כניסה
SORTIE	yetsi'a יציאה
HORS SERVICE | EN PANNE	lo po'el לא פועל
FERMÉ	sagur סגור
OUVERT	pa'tuaχ פתוח
POUR LES FEMMES	lenaʃim לנשים
POUR LES HOMMES	ligvarim לגברים

VOCABULAIRE THÉMATIQUE

Cette section contient plus de 3000 des mots les plus importants. Le dictionnaire sera d'une aide indispensable lors de voyages à l'étranger puisque les mots individuels sont souvent assez pour être compris. Le dictionnaire comprend une transcription utile de chaque mot

T&P Books Publishing

CONTENU DU DICTIONNAIRE

T&P Books Publishing

CONCEPTS DE BASE

T&P Books Publishing

1. Les pronoms

je	ani	אֲנִי (ז, נ)
tu (masc.)	ata	אַתָּה (ז)
tu (fem.)	at	אַתְ (נ)
il	hu	הוּא (ז)
elle	hi	הִיא (נ)
nous	a'naχnu	אֲנַחנוּ (ז, נ)
vous (m)	atem	אַתֶּם (ז״ר)
vous (f)	aten	אַתֶּן (נ״ר)
vous (form., sing.)	ata, at	אַתָּה (ז), אַתְ (נ)
vous (form., pl)	atem, aten	אַתֶּם (ז״ר), אַתֶּן (נ״ר)
ils	hem	הֵם (ז״ר)
elles	hen	הֵן (נ״ר)

2. Adresser des vœux. Se dire bonjour

Bonjour! (fam.)	ʃalom!	שָׁלוֹם!
Bonjour! (form.)	ʃalom!	שָׁלוֹם!
Bonjour! (le matin)	'boker tov!	בּוֹקֶר טוֹב!
Bonjour! (après-midi)	tsaha'rayim tovim!	צָהֳרַיִּם טוֹבִים!
Bonsoir!	'erev tov!	עֶרֶב טוֹב!
dire bonjour	lomar ʃalom	לוֹמַר שָׁלוֹם
Salut!	hai!	הַיי!
salut (m)	ahlan	אַהלַן
saluer (vt)	lomar ʃalom	לוֹמַר שָׁלוֹם
Comment ça va?	ma ʃlomχa?	מַה שְׁלוֹמְךָ? (ז)
Comment allez-vous?	ma ʃlomeχ?, ma ʃlomχa?	מַה שְׁלוֹמֵךְ? (נ), מַה שְׁלוֹמְךָ? (ז)
Quoi de neuf?	ma χadaʃ?	מַה חָדָשׁ?
Au revoir! (form.)	lehitra'ot!	לְהִתְרָאוֹת!
Au revoir! (fam.)	bai!	בַּיי!
À bientôt!	lehitra'ot bekarov!	לְהִתְרָאוֹת בְּקָרוֹב!
Adieu!	lehitra'ot!	לְהִתְרָאוֹת!
dire au revoir	lomar lehitra'ot	לוֹמַר לְהִתְרָאוֹת
Salut! (À bientôt!)	bai!	בַּיי!
Merci!	toda!	תוֹדָה!
Merci beaucoup!	toda raba!	תוֹדָה רַבָּה!
Je vous en prie	bevakaʃa	בְּבַקָּשָׁה
Il n'y a pas de quoi	al lo davar	עַל לֹא דָבָר

Pas de quoi	ein be'ad ma	אֵין בְּעַד מָה
Excuse-moi!	sliχa!	סְלִיחָה!
Excusez-moi!	sliχa!	סְלִיחָה!
excuser (vt)	lis'loaχ	לִסְלֹוחַ
s'excuser (vp)	lehitnatsel	לְהִתְנַצֵּל
Mes excuses	ani mitnatsel, ani mitna'tselet	אֲנִי מִתְנַצֵּל (ז), אֲנִי מִתְנַצֶּלֶת (נ)
Pardonnez-moi!	ani mitsta'er, ani mitsta''eret	אֲנִי מִצְטַעֵר (ז), אֲנִי מִצְטַעֶרֶת (נ)
pardonner (vt)	lis'loaχ	לִסְלֹוחַ
C'est pas grave	lo nora	לֹא נֹורָא
s'il vous plaît	bevakaʃa	בְּבַקָּשָׁה
N'oubliez pas!	al tiʃkaχ!	אַל תִּשְׁכַּח! (ז)
Bien sûr!	'betaχ!	בֶּטַח!
Bien sûr que non!	'betaχ ʃelo!	בֶּטַח שֶׁלֹּא!
D'accord!	okei!	אֹוקֵיי!
Ça suffit!	maspik!	מַסְפִּיק!

3. Les questions

Qui?	mi?	מִי?
Quoi?	ma?	מָה?
Où? (~ es-tu?)	'eifo?	אֵיפֹה?
Où? (~ vas-tu?)	le'an?	לְאָן?
D'où?	me''eifo?	מֵאֵיפֹה?
Quand?	matai?	מָתַי?
Pourquoi? (~ es-tu venu?)	'lama?	לָמָה?
Pourquoi? (~ t'es pâle?)	ma'du'a?	מַדּוּעַ?
À quoi bon?	biʃvil ma?	בִּשְׁבִיל מָה?
Comment?	eiχ, keitsad?	כֵּיצַד? אֵיך?
Quel? (à ~ prix?)	'eize?	אֵיזֶה?
Lequel?	'eize?	אֵיזֶה?
À qui? (pour qui?)	lemi?	לְמִי?
De qui?	al mi?	עַל מִי?
De quoi?	al ma?	עַל מָה?
Avec qui?	im mi?	עִם מִי?
Combien?	'kama?	כַּמָה?
À qui?	ʃel mi?	שֶׁל מִי?

4. Les prépositions

avec (~ toi)	im	עִם
sans (~ sucre)	bli, lelo	בְּלִי, לְלֹא

à (aller ~ ...)	le...	...לְ
de (au sujet de)	al	עַל
avant (~ midi)	lifnei	לִפְנֵי
devant (~ la maison)	lifnei	לִפְנֵי
sous (~ la commode)	mi'taxat le...	...מִתַּחַת לְ
au-dessus de ...	me'al	מֵעַל
sur (dessus)	al	עַל
de (venir ~ Paris)	mi, me	מ, מְ
en (en bois, etc.)	mi, me	מ, מְ
dans (~ deux heures)	tox	תּוֹךְ
par dessus	'derex	דֶּרֶךְ

5. Les mots-outils. Les adverbes. Partie 1

Où? (~ es-tu?)	'eifo?	?אֵיפֹה
ici (c'est ~)	po, kan	פֹּה, כָּאן
là-bas (c'est ~)	ʃam	שָׁם
quelque part (être)	'eifo ʃehu	אֵיפֹה שֶׁהוּא
nulle part (adv)	beʃum makom	בְּשׁוּם מָקוֹם
près de ...	leyad ...	... לְיַד
près de la fenêtre	leyad haxalon	לְיַד הַחַלּוֹן
Où? (~ vas-tu?)	le'an?	?לְאָן
ici (Venez ~)	'hena, lekan	הֵנָּה; לְכָאן
là-bas (j'irai ~)	leʃam	לְשָׁם
d'ici (adv)	mikan	מִכָּאן
de là-bas (adv)	miʃam	מִשָּׁם
près (pas loin)	karov	קָרוֹב
loin (adv)	raxok	רָחוֹק
près de (~ Paris)	leyad	לְיַד
tout près (adv)	karov	קָרוֹב
pas loin (adv)	lo raxok	לֹא רָחוֹק
gauche (adj)	smali	שְׂמָאלִי
à gauche (être ~)	mismol	מִשְּׂמֹאל
à gauche (tournez ~)	'smola	שְׂמֹאלָה
droit (adj)	yemani	יְמָנִי
à droite (être ~)	miyamin	מִיָּמִין
à droite (tournez ~)	ya'mina	יָמִינָה
devant (adv)	mika'dima	מִקָּדִימָה
de devant (adj)	kidmi	קִדְמִי
en avant (adv)	ka'dima	קָדִימָה

derrière (adv)	me'aχor	מֵאָחוֹר
par derrière (adv)	me'aχor	מֵאָחוֹר
en arrière (regarder ~)	a'χora	אָחוֹרָה

| milieu (m) | 'emtsa | אֶמְצַע (ז) |
| au milieu (adv) | ba''emtsa | בָּאֶמְצַע |

de côté (vue ~)	mehatsad	מֵהַצַּד
partout (adv)	beχol makom	בְּכָל מָקוֹם
autour (adv)	misaviv	מִסָּבִיב

de l'intérieur	mibifnim	מִבִּפְנִים
quelque part (aller)	le'an ʃehu	לְאָן שֶׁהוּא
tout droit (adv)	yaʃar	יָשָׁר
en arrière (revenir ~)	baχazara	בַּחֲזָרָה

| de quelque part (n'import d'où) | me'ei ʃam | מֵאֵי שָׁם |
| de quelque part (on ne sait pas d'où) | me'ei ʃam | מֵאֵי שָׁם |

premièrement (adv)	reʃit	רֵאשִׁית
deuxièmement (adv)	ʃenit	שֵׁנִית
troisièmement (adv)	ʃliʃit	שְׁלִישִׁית

soudain (adv)	pit'om	פִּתְאוֹם
au début (adv)	behatslaχa	בַּהַתְחָלָה
pour la première fois	lariʃona	לָרִאשׁוֹנָה
bien avant ...	zman rav lifnei ...	זְמַן רַב לִפְנֵי ...
de nouveau (adv)	meχadaʃ	מֵחָדָשׁ
pour toujours (adv)	letamid	לְתָמִיד

jamais (adv)	af 'pa'am, me'olam	מֵעוֹלָם, אַף פַּעַם
de nouveau, encore (adv)	ʃuv	שׁוּב
maintenant (adv)	aχʃav, ka'et	עַכְשָׁיו, כָּעֵת
souvent (adv)	le'itim krovot	לְעִיתִּים קְרוֹבוֹת
alors (adv)	az	אָז
d'urgence (adv)	bidχifut	בִּדְחִיפוּת
d'habitude (adv)	be'dereχ klal	בְּדֶרֶךְ כְּלָל

à propos, ...	'dereχ 'agav	דֶּרֶךְ אַגַב
c'est possible	efʃari	אֶפְשָׁרִי
probablement (adv)	kanir'e	כַּנִּרְאֶה
peut-être (adv)	ulai	אוּלַי
en plus, ...	χuts mize ...	חוּץ מִזֶּה ...
c'est pourquoi ...	laχen	לָכֵן
malgré ...	lamrot ...	לַמְרוֹת ...
grâce à ...	hodot le...	הוֹדוֹת לְ...
quoi (pron)	ma	מָה
que (conj)	ʃe	שֶׁ
quelque chose (Il m'est arrivé ~)	'maʃehu	מַשֶּׁהוּ

quelque chose (peut-on faire ~)	'maʃehu	מַשֶּׁהוּ
rien (m)	klum	בְּלוּם
qui (pron)	mi	מִי
quelqu'un (on ne sait pas qui)	'miʃehu, 'miʃehi	מִישֶׁהוּ (ז), מִישֶׁהִי (נ)
quelqu'un (n'importe qui)	'miʃehu, 'miʃehi	מִישֶׁהוּ (ז), מִישֶׁהִי (נ)
personne (pron)	af eχad, af aχat	אַף אֶחָד (ז), אַף אַחַת (נ)
nulle part (aller ~)	leʃum makom	לְשׁוּם מָקוֹם
de personne	lo ʃayaχ le'af eχad	לֹא שַׁיָּךְ לְאַף אֶחָד
de n'importe qui	ʃel 'miʃehu	שֶׁל מִישֶׁהוּ
comme ça (adv)	kol kaχ	כָּל־כָּךְ
également (adv)	gam	גַּם
aussi (adv)	gam	גַּם

6. Les mots-outils. Les adverbes. Partie 2

Pourquoi?	ma'duʿa?	מַדּוּעַ?
pour une certaine raison	miʃum ma	מִשּׁוּם־מָה
parce que …	miʃum ʃe	מִשּׁוּם שֶׁ
pour une raison quelconque	lematara 'kolʃehi	לְמַטָּרָה כָּלְשֶׁהִי
et (conj)	ve …	וְ …
ou (conj)	o	אוֹ
mais (conj)	aval, ulam	אֲבָל, אוּלָם
pour … (prep)	biʃvil	בִּשְׁבִיל
trop (adv)	yoter midai	יוֹתֵר מְדַי
seulement (adv)	rak	רַק
précisément (adv)	bediyuk	בְּדִיּוּק
près de … (prep)	be"ereχ	בְּעֵרֶךְ
approximativement	be"ereχ	בְּעֵרֶךְ
approximatif (adj)	meʃo'ar	מְשׁוֹעָר
presque (adv)	kim'at	כִּמְעַט
reste (m)	ʃe'ar	שְׁאָר (ז)
l'autre (adj)	aχer	אַחֵר
autre (adj)	aχer	אַחֵר
chaque (adj)	kol	כָּל
n'importe quel (adj)	kolʃehu	כָּלְשֶׁהוּ
beaucoup de (dénombr.)	harbe	הַרְבֵּה
beaucoup de (indénombr.)	harbe	הַרְבֵּה
plusieurs (pron)	harbe	הַרְבֵּה
tous	kulam	כּוּלָם
en échange de …	tmurat …	תְּמוּרַת …

en échange (adv)	bitmura	בִּתְמוּרָה
à la main (adv)	bayad	בְּיָד
peu probable (adj)	safek im	סָפֵק אִם
probablement (adv)	karov levadai	קָרוֹב לְוַודַאי
exprès (adv)	'davka	דַווקָא
par accident (adv)	bemikre	בְּמִקְרֶה
très (adv)	me'od	מְאוֹד
par exemple (adv)	lemaʃal	לְמָשָׁל
entre (prep)	bein	בֵּין
parmi (prep)	be'kerev	בְּקֶרֶב
autant (adv)	kol kaχ harbe	כָּל־כָּך הַרבֵּה
surtout (adv)	bimyuχad	בְּמִיוּחָד

NOMBRES. DIVERS

T&P Books Publishing

zéro	'efes	אֶפֶס (ז)
un	eχad	אֶחָד (ז)
une	aχat	אַחַת (נ)
deux	'ʃtayim	שְׁתַּיִם (נ)
trois	ʃaloʃ	שָׁלוֹשׁ (נ)
quatre	arba	אַרְבַּע (נ)
cinq	χameʃ	חָמֵשׁ (נ)
six	ʃeʃ	שֵׁשׁ (נ)
sept	'ʃeva	שֶׁבַע (נ)
huit	'ʃmone	שְׁמוֹנֶה (נ)
neuf	'teʃa	תֵּשַׁע (נ)
dix	'eser	עֶשֶׂר (נ)
onze	aχat esre	אַחַת־עֶשְׂרֵה (נ)
douze	ʃteim esre	שְׁתֵּים־עֶשְׂרֵה (נ)
treize	ʃloʃ esre	שְׁלוֹשׁ־עֶשְׂרֵה (נ)
quatorze	arba esre	אַרְבַּע־עֶשְׂרֵה (נ)
quinze	χameʃ esre	חֲמֵשׁ־עֶשְׂרֵה (נ)
seize	ʃeʃ esre	שֵׁשׁ־עֶשְׂרֵה (נ)
dix-sept	ʃva esre	שְׁבַע־עֶשְׂרֵה (נ)
dix-huit	ʃmone esre	שְׁמוֹנֶה־עֶשְׂרֵה (נ)
dix-neuf	tʃa esre	תְּשַׁע־עֶשְׂרֵה (נ)
vingt	esrim	עֶשְׂרִים
vingt et un	esrim ve'eχad	עֶשְׂרִים וְאֶחָד
vingt-deux	esrim u'ʃnayim	עֶשְׂרִים וּשְׁנַיִם
vingt-trois	esrim uʃloʃa	עֶשְׂרִים וּשְׁלוֹשָׁה
trente	ʃloʃim	שְׁלוֹשִׁים
trente et un	ʃloʃim ve'eχad	שְׁלוֹשִׁים וְאֶחָד
trente-deux	ʃloʃim u'ʃnayim	שְׁלוֹשִׁים וּשְׁנַיִם
trente-trois	ʃloʃim uʃloʃa	שְׁלוֹשִׁים וּשְׁלוֹשָׁה
quarante	arba'im	אַרְבָּעִים
quarante et un	arba'im ve'eχad	אַרְבָּעִים וְאֶחָד
quarante-deux	arba'im u'ʃnayim	אַרְבָּעִים וּשְׁנַיִם
quarante-trois	arba'im uʃloʃa	אַרְבָּעִים וּשְׁלוֹשָׁה
cinquante	χamiʃim	חֲמִשִּׁים
cinquante et un	χamiʃim ve'eχad	חֲמִשִּׁים וְאֶחָד
cinquante-deux	χamiʃim u'ʃnayim	חֲמִשִּׁים וּשְׁנַיִם
cinquante-trois	χamiʃim uʃloʃa	חֲמִשִּׁים וּשְׁלוֹשָׁה

soixante	ʃiʃim	שִׁישִׁים
soixante et un	ʃiʃim ve'eχad	שִׁישִׁים וְאָחָד
soixante-deux	ʃiʃim u'ʃnayim	שִׁישִׁים וּשְׁנַיִים
soixante-trois	ʃiʃim u'ʃloʃa	שִׁישִׁים וּשְׁלוֹשָׁה
soixante-dix	ʃiv'im	שִׁבְעִים
soixante et onze	ʃiv'im ve'eχad	שִׁבְעִים וְאָחָד
soixante-douze	ʃiv'im u'ʃnayim	שִׁבְעִים וּשְׁנַיִים
soixante-treize	ʃiv'im u'ʃloʃa	שִׁבְעִים וּשְׁלוֹשָׁה
quatre-vingts	ʃmonim	שְׁמוֹנִים
quatre-vingt et un	ʃmonim ve'eχad	שְׁמוֹנִים וְאָחָד
quatre-vingt deux	ʃmonim u'ʃnayim	שְׁמוֹנִים וּשְׁנַיִים
quatre-vingt trois	ʃmonim u'ʃloʃa	שְׁמוֹנִים וּשְׁלוֹשָׁה
quatre-vingt-dix	tiʃ'im	תִּשְׁעִים
quatre-vingt et onze	tiʃ'im ve'eχad	תִּשְׁעִים וְאָחָד
quatre-vingt-douze	tiʃ'im u'ʃayim	תִּשְׁעִים וּשְׁנַיִים
quatre-vingt-treize	tiʃ'im u'ʃloʃa	תִּשְׁעִים וּשְׁלוֹשָׁה

8. Les nombres cardinaux. Partie 2

cent	'me'a	מֵאָה (נ)
deux cents	ma'tayim	מָאתַיִים
trois cents	ʃloʃ me'ot	שְׁלוֹשׁ מֵאוֹת (נ)
quatre cents	arba me'ot	אַרְבַּע מֵאוֹת (נ)
cinq cents	χameʃ me'ot	חָמֵשׁ מֵאוֹת (נ)
six cents	ʃeʃ me'ot	שֵׁשׁ מֵאוֹת (נ)
sept cents	ʃva me'ot	שְׁבַע מֵאוֹת (נ)
huit cents	ʃmone me'ot	שְׁמוֹנֶה מֵאוֹת (נ)
neuf cents	tʃa me'ot	תִּשְׁעַ מֵאוֹת (נ)
mille	'elef	אֶלֶף (ז)
deux mille	al'payim	אַלְפַּיִים (ז)
trois mille	'ʃloʃet alafim	שְׁלוֹשֶׁת אֲלָפִים (ז)
dix mille	a'seret alafim	עֲשֶׂרֶת אֲלָפִים (ז)
cent mille	'me'a 'elef	מֵאָה אֶלֶף (ז)
million (m)	milyon	מִילְיוֹן (ז)
milliard (m)	milyard	מִילְיַארְד (ז)

9. Les nombres ordinaux

premier (adj)	riʃon	רָאשׁוֹן
deuxième (adj)	ʃeni	שֵׁנִי
troisième (adj)	ʃliʃi	שְׁלִישִׁי
quatrième (adj)	revi'i	רְבִיעִי
cinquième (adj)	χamiʃi	חָמִישִׁי

sixième (adj)	ʃiʃi	שִׁישִׁי
septième (adj)	ʃvi'i	שְׁבִיעִי
huitième (adj)	ʃmini	שְׁמִינִי
neuvième (adj)	tʃi'i	תְּשִׁיעִי
dixième (adj)	asiri	עֲשִׂירִי

LES COULEURS.
LES UNITÉS DE MESURE

T&P Books Publishing

10. Les couleurs

couleur (f)	'tseva	צֶבַע (ז)
teinte (f)	gavan	גָּווֶן (ז)
ton (m)	gavan	גָּווֶן (ז)
arc-en-ciel (m)	'keʃet	קֶשֶׁת (נ)
blanc (adj)	lavan	לָבָן
noir (adj)	ʃaχor	שָׁחוֹר
gris (adj)	afor	אָפוֹר
vert (adj)	yarok	יָרוֹק
jaune (adj)	tsahov	צָהוֹב
rouge (adj)	adom	אָדוֹם
bleu (adj)	kaχol	כָּחוֹל
bleu clair (adj)	taχol	תְּכוֹל
rose (adj)	varod	וָרוֹד
orange (adj)	katom	כָּתוֹם
violet (adj)	segol	סָגוֹל
brun (adj)	χum	חוּם
d'or (adj)	zahov	זָהוֹב
argenté (adj)	kasuf	כָּסוּף
beige (adj)	beʒ	בֶּז'
crème (adj)	be'tseva krem	בְּצֶבַע קְרֶם
turquoise (adj)	turkiz	טוּרקִיז
rouge cerise (adj)	bordo	בּוֹרדוֹ
lilas (adj)	segol	סָגוֹל
framboise (adj)	patol	פָּטוֹל
clair (adj)	bahir	בָּהִיר
foncé (adj)	kehe	כֵּהֶה
vif (adj)	bohek	בּוֹהֵק
de couleur (adj)	tsiv'oni	צִבעוֹנִי
en couleurs (adj)	tsiv'oni	צִבעוֹנִי
noir et blanc (adj)	ʃaχor lavan	שָׁחוֹר-לָבָן
unicolore (adj)	χad tsiv'i	חַד-צִבעִי
multicolore (adj)	sasgoni	סַסגוֹנִי

11. Les unités de mesure

poids (m)	miʃkal	מִשׁקָל (ז)
longueur (f)	'oreχ	אוֹרֶךְ (ז)

largeur (f)	'roχav	רוֹחַב (ז)
hauteur (f)	'gova	גוֹבַה (ז)
profondeur (f)	'omek	עוֹמֶק (ז)
volume (m)	'nefaχ	נֶפַח (ז)
aire (f)	'ʃetaχ	שֶׁטַח (ז)
gramme (m)	gram	גְרָם (ז)
milligramme (m)	miligram	מִילִיגְרָם (ז)
kilogramme (m)	kilogram	קִילוֹגְרָם (ז)
tonne (f)	ton	טוֹן (ז)
livre (f)	'pa'und	פָאוּנד (ז)
once (f)	'unkiya	אוּנקָיָה (נ)
mètre (m)	'meter	מֶטֶר (ז)
millimètre (m)	mili'meter	מִילִימֶטֶר (ז)
centimètre (m)	senti'meter	סֶנטִימֶטֶר (ז)
kilomètre (m)	kilo'meter	קִילוֹמֶטֶר (ז)
mille (m)	mail	מַייל (ז)
pouce (m)	intʃ	אִינצ' (ז)
pied (m)	'regel	רֶגֶל (נ)
yard (m)	yard	יַרד (ז)
mètre (m) carré	'meter ra'vuʿa	מֶטֶר רָבוּעַ (ז)
hectare (m)	hektar	הֶקטָר (ז)
litre (m)	litr	לִיטר (ז)
degré (m)	ma'ala	מַעֲלָה (נ)
volt (m)	volt	ווֹלט (ז)
ampère (m)	amper	אַמפֶּר (ז)
cheval-vapeur (m)	'koaχ sus	כּוֹחַ סוּס (ז)
quantité (f)	kamut	כַּמוּת (נ)
un peu de …	ktsat …	קצָת ...
moitié (f)	'χetsi	חֲצִי (ז)
douzaine (f)	tresar	תרֵיסָר (ז)
pièce (f)	yeχida	יְחִידָה (נ)
dimension (f)	'godel	גוֹדֶל (ז)
échelle (f) (de la carte)	kne mida	קנֵה מִידָה (ז)
minimal (adj)	mini'mali	מִינִימָאלִי
le plus petit (adj)	hakatan beyoter	הַקָטָן בְּיוֹתֵר
moyen (adj)	memutsa	מְמוּצָע
maximal (adj)	maksi'mali	מַקסִימָלִי
le plus grand (adj)	hagadol beyoter	הַגָדוֹל בְּיוֹתֵר

12. Les récipients

bocal (m) en verre	tsin'tsenet	צִנצֶנֶת (נ)
boîte, canette (f)	paχit	פַחִית (נ)

seau (m)	dli	דְלִי (ז)
tonneau (m)	χavit	חָבִית (נ)
bassine, cuvette (f)	gigit	גִיגִית (נ)
cuve (f)	meiχal	מֵיכָל (ז)
flasque (f)	meimiya	מֵימִיָה (נ)
jerrican (m)	'dʒerikan	גֶ'רִיקָן (ז)
citerne (f)	meχalit	מֵיכָלִית (נ)
tasse (f), mug (m)	'sefel	סֵפֶל (ז)
tasse (f)	'sefel	סֵפֶל (ז)
soucoupe (f)	taχtit	תַחתִית (נ)
verre (m) (~ d'eau)	kos	כּוֹס (נ)
verre (m) à vin	ga'vi'a	גָבִיעַ (ז)
faitout (m)	sir	סִיר (ז)
bouteille (f)	bakbuk	בַּקבּוּק (ז)
goulot (m)	tsavar habakbuk	צַווָאר הַבַּקבּוּק (ז)
carafe (f)	kad	כַּד (ז)
pichet (m)	kankan	קַנקָן (ז)
récipient (m)	kli	כּלִי (ז)
pot (m)	sir 'χeres	סִיר חֶרֶס (ז)
vase (m)	agartal	אֲגַרטָל (ז)
flacon (m)	tsloχit	צלוֹחִית (נ)
fiole (f)	bakbukon	בַּקבּוּקוֹן (ז)
tube (m)	ʃfo'feret	שפוֹפֶרֶת (נ)
sac (m) (grand ~)	sak	שַׂק (ז)
sac (m) (~ en plastique)	sakit	שַׂקִית (נ)
paquet (m) (~ de cigarettes)	χafisa	חֲפִיסָה (נ)
boîte (f)	kufsa	קוּפסָה (נ)
caisse (f)	argaz	אַרגָז (ז)
panier (m)	sal	סַל (ז)

LES VERBES
LES PLUS IMPORTANTS

T&P Books Publishing

aider (vt)	la'azor	לַעֲזוֹר
aimer (qn)	le'ehov	לֶאֱהוֹב
aller (à pied)	la'leχet	לָלֶכֶת
apercevoir (vt)	lasim lev	לָשִׂים לֵב
appartenir à ...	lehiʃtayeχ	לְהִשְׁתַּיֵּךְ
appeler (au secours)	likro	לִקְרוֹא
attendre (vt)	lehamtin	לְהַמְתִּין
attraper (vt)	litfos	לִתְפּוֹס
avertir (vt)	lehazhir	לְהַזְהִיר
avoir (vt)	lehaχzik	לְהַחְזִיק
avoir confiance	liv'toaχ	לִבְטוֹחַ
avoir faim	lihyot ra'ev	לִהְיוֹת רָעֵב
avoir peur	lefaχed	לְפַחֵד
avoir soif	lihyot tsame	לִהְיוֹת צָמֵא
cacher (vt)	lehastir	לְהַסְתִּיר
casser (briser)	liʃbor	לִשְׁבּוֹר
cesser (vt)	lehafsik	לְהַפְסִיק
changer (vt)	leʃanot	לְשַׁנּוֹת
chasser (animaux)	latsud	לָצוּד
chercher (vt)	leχapes	לְחַפֵּשׂ
choisir (vt)	livχor	לִבְחוֹר
commander (~ le menu)	lehazmin	לְהַזְמִין
commencer (vt)	lehatχil	לְהַתְחִיל
comparer (vt)	lehaʃvot	לְהַשְׁווֹת
comprendre (vt)	lehavin	לְהָבִין
compter (dénombrer)	lispor	לִסְפּוֹר
compter sur ...	lismoχ al	לִסְמוֹךְ עַל
confondre (vt)	lehitbalbel	לְהִתְבַּלְבֵּל
connaître (qn)	lehakir et	לְהַכִּיר אֶת
conseiller (vt)	leya'ets	לְיָיעֵץ
continuer (vt)	lehamʃiχ	לְהַמְשִׁיךְ
contrôler (vt)	liʃlot	לִשְׁלוֹט
courir (vi)	laruts	לָרוּץ
coûter (vt)	la'alot	לַעֲלוֹת
créer (vt)	litsor	לִיצוֹר
creuser (vt)	laχpor	לַחְפּוֹר
crier (vi)	lits'ok	לִצְעוֹק

14. Les verbes les plus importants. Partie 2

décorer (~ la maison)	lekaʃet	לְקַשֵׁט
défendre (vt)	lehagen	לְהָגֵן
déjeuner (vi)	le'eχol aruχat tsaha'rayim	לֶאֱכוֹל אֲרוּחַת צָהֳרַיִים
demander (~ l'heure)	liʃol	לִשְׁאוֹל
demander (de faire qch)	levakeʃ	לְבַקֵשׁ
descendre (vi)	la'redet	לָרֶדֶת
deviner (vt)	lenaχeʃ	לְנַחֵשׁ
dîner (vi)	le'eχol aruχat 'erev	לֶאֱכוֹל אֲרוּחַת עֶרֶב
dire (vt)	lomar	לוֹמַר
diriger (~ une usine)	lenahel	לְנַהֵל
discuter (vt)	ladun	לָדוּן
donner (vt)	latet	לָתֵת
donner un indice	lirmoz	לִרְמוֹז
douter (vt)	lefakpek	לְפַקְפֵּק
écrire (vt)	liχtov	לִכְתּוֹב
entendre (bruit, etc.)	liʃmo'a	לִשְׁמוֹעַ
entrer (vi)	lehikanes	לְהִיכָּנֵס
envoyer (vt)	liʃloaχ	לִשְׁלוֹחַ
espérer (vi)	lekavot	לְקַווֹת
essayer (vt)	lenasot	לְנַסּוֹת
être (vi)	lihyot	לִהְיוֹת
être d'accord	lehaskim	לְהַסְכִּים
être nécessaire	lehidareʃ	לְהִידָרֵשׁ
être pressé	lemaher	לְמַהֵר
étudier (vt)	lilmod	לִלְמוֹד
excuser (vt)	lis'loaχ	לִסְלוֹחַ
exiger (vt)	lidroʃ	לִדְרוֹשׁ
exister (vi)	lehitkayem	לְהִתְקַיֵּים
expliquer (vt)	lehasbir	לְהַסְבִּיר
faire (vt)	la'asot	לַעֲשׂוֹת
faire tomber	lehapil	לְהַפִּיל
finir (vt)	lesayem	לְסַיֵּים
garder (conserver)	liʃmor	לִשְׁמוֹר
gronder, réprimander (vt)	linzof	לִנְזוֹף
informer (vt)	leho'dia	לְהוֹדִיעַ
insister (vi)	lehit'akeʃ	לְהִתְעַקֵשׁ
insulter (vt)	leha'aliv	לְהַעֲלִיב
inviter (vt)	lehazmin	לְהַזְמִין
jouer (s'amuser)	lesaχek	לְשַׂחֵק

15. Les verbes les plus importants. Partie 3

libérer (ville, etc.)	leʃaχrer	לְשַׁחְרֵר
lire (vi, vt)	likro	לִקְרוֹא
louer (prendre en location)	liskor	לִשְׂכּוֹר
manquer (l'école)	lehaχsir	לְהַחְסִיר
menacer (vt)	le'ayem	לְאַיֵּם
mentionner (vt)	lehazkir	לְהַזְכִּיר
montrer (vt)	lehar'ot	לְהַרְאוֹת
nager (vi)	lisχot	לִשְׂחוֹת
objecter (vt)	lehitnaged	לְהִתְנַגֵּד
observer (vt)	litspot, lehaʃkif	לִצְפּוֹת, לְהַשְׁקִיף
ordonner (mil.)	lifkod	לִפְקוֹד
oublier (vt)	liʃ'koaχ	לִשְׁכּוֹחַ
ouvrir (vt)	lif'toaχ	לִפְתּוֹחַ
pardonner (vt)	lis'loaχ	לִסְלוֹחַ
parler (vi, vt)	ledaber	לְדַבֵּר
participer à …	lehiʃtatef	לְהִשְׁתַּתֵּף
payer (régler)	leʃalem	לְשַׁלֵּם
penser (vi, vt)	laχʃov	לַחְשׁוֹב
permettre (vt)	leharʃot	לְהַרְשׁוֹת
plaire (être apprécié)	limtso χen be'ei'nayim	לִמְצוֹא חֵן בְּעֵינַיִים
plaisanter (vi)	lehitba'deaχ	לְהִתְבַּדֵּחַ
planifier (vt)	letaχnen	לְתַכְנֵן
pleurer (vi)	livkot	לִבְכּוֹת
posséder (vt)	lihyot 'ba'al ʃel	לִהְיוֹת בַּעַל שֶׁל
pouvoir (v aux)	yaχol	יָכוֹל
préférer (vt)	leha'adif	לְהַעֲדִיף
prendre (vt)	la'kaχat	לָקַחַת
prendre en note	lirʃom	לִרְשׁוֹם
prendre le petit déjeuner	le'eχol aruχat 'boker	לֶאֱכוֹל אֲרוּחַת בּוֹקֶר
préparer (le dîner)	levaʃel	לְבַשֵּׁל
prévoir (vt)	laχazot	לַחֲזוֹת
prier (~ Dieu)	lehitpalel	לְהִתְפַּלֵּל
promettre (vt)	lehav'tiaχ	לְהַבְטִיחַ
prononcer (vt)	levate	לְבַטֵּא
proposer (vt)	leha'tsi'a	לְהַצִּיעַ
punir (vt)	leha'aniʃ	לְהַעֲנִישׁ

16. Les verbes les plus importants. Partie 4

recommander (vt)	lehamlits	לְהַמְלִיץ
regretter (vt)	lehitsta'er	לְהִצְטַעֵר

répéter (dire encore)	laχazor al	לַחֲזוֹר עַל
répondre (vi, vt)	la'anot	לַעֲנוֹת
réserver (une chambre)	lehazmin meroʃ	לְהַזְמִין מֵרֹאשׁ

rester silencieux	liʃtok	לִשְׁתֹּק
réunir (regrouper)	le'aχed	לְאַחֵד
rire (vi)	litsχok	לִצְחֹק
s'arrêter (vp)	la'atsor	לַעֲצֹר
s'asseoir (vp)	lehityaʃev	לְהִתְיַישֵׁב

sauver (la vie à qn)	lehatsil	לְהַצִּיל
savoir (qch)	la'da'at	לָדַעַת
se baigner (vp)	lehitraχets	לְהִתְרַחֵץ
se plaindre (vp)	lehitlonen	לְהִתְלוֹנֵן
se refuser (vp)	lesarev	לְסָרֵב

se tromper (vp)	lit'ot	לִטְעוֹת
se vanter (vp)	lehitravrev	לְהִתְרַבְרֵב
s'étonner (vp)	lehitpale	לְהִתְפַּלֵּא
s'excuser (vp)	lehitnatsel	לְהִתְנַצֵּל
signer (vt)	laχtom	לַחְתֹּם

signifier (vt)	lomar	לוֹמַר
s'intéresser (vp)	lehit'anyen be...	לְהִתְעַנְיֵין בְּ...
sortir (aller dehors)	latset	לָצֵאת
sourire (vi)	leχayeχ	לְחַיֵּיךְ
sous-estimer (vt)	leham'it be''ereχ	לְהַמְעִיט בְּעֵרֶךְ

suivre ... (suivez-moi)	la'akov aχarei	לַעֲקוֹב אַחֲרֵי
tirer (vi)	lirot	לִירוֹת
tomber (vi)	lipol	לִיפּוֹל
toucher (avec les mains)	la'ga'at	לָגַעַת
tourner (~ à gauche)	lifnot	לִפְנוֹת

traduire (vt)	letargem	לְתַרְגֵּם
travailler (vi)	la'avod	לַעֲבוֹד
tromper (vt)	leramot	לְרַמּוֹת
trouver (vt)	limtso	לִמְצוֹא
tuer (vt)	laharog	לַהֲרוֹג
vendre (vt)	limkor	לִמְכּוֹר

venir (vi)	leha'gi'a	לְהַגִּיעַ
voir (vt)	lir'ot	לִרְאוֹת
voler (avion, oiseau)	la'uf	לָעוּף
voler (qch à qn)	lignov	לִגְנוֹב
vouloir (vt)	lirtsot	לִרְצוֹת

LA NOTION DE TEMPS.
LE CALENDRIER

T&P Books Publishing

17. Les jours de la semaine

lundi (m)	yom ʃeni	יוֹם שֵׁנִי (ז)
mardi (m)	yom ʃliʃi	יוֹם שְׁלִישִׁי (ז)
mercredi (m)	yom revi'i	יוֹם רְבִיעִי (ז)
jeudi (m)	yom χamiʃi	יוֹם חֲמִישִׁי (ז)
vendredi (m)	yom ʃiʃi	יוֹם שִׁישִׁי (ז)
samedi (m)	ʃabat	שַׁבָּת (נ)
dimanche (m)	yom riʃon	יוֹם רִאשׁוֹן (ז)
aujourd'hui (adv)	hayom	הַיּוֹם
demain (adv)	maχar	מָחָר
après-demain (adv)	maχara'tayim	מָחֳרָתַיִם
hier (adv)	etmol	אֶתמוֹל
avant-hier (adv)	ʃilʃom	שָׁלשׁוֹם
jour (m)	yom	יוֹם (ז)
jour (m) ouvrable	yom avoda	יוֹם עֲבוֹדָה (ז)
jour (m) férié	yom χag	יוֹם חַג (ז)
jour (m) de repos	yom menuχa	יוֹם מְנוּחָה (ז)
week-end (m)	sof ʃa'vu'a	סוֹף שָׁבוּעַ
toute la journée	kol hayom	כָּל הַיּוֹם
le lendemain	lamaχarat	לַמָּחֳרָת
il y a 2 jours	lifnei yo'mayim	לִפְנֵי יוֹמַיִים
la veille	'erev	עֶרֶב
quotidien (adj)	yomyomi	יוֹמיוֹמִי
tous les jours	midei yom	מִדֵי יוֹם
semaine (f)	ʃa'vua	שָׁבוּעַ (ז)
la semaine dernière	baʃa'vu'a ʃe'avar	בַּשָׁבוּעַ שֶׁעָבַר
la semaine prochaine	baʃa'vu'a haba	בַּשָׁבוּעַ הַבָּא
hebdomadaire (adj)	ʃvu'i	שׁבוּעִי
chaque semaine	kol ʃa'vu'a	כָּל שָׁבוּעַ
2 fois par semaine	pa'a'mayim beʃa'vu'a	פַּעֲמַיִים בְּשָׁבוּעַ
tous les mardis	kol yom ʃliʃi	כָּל יוֹם שְׁלִישִׁי

18. Les heures. Le jour et la nuit

matin (m)	'boker	בּוֹקֶר (ז)
le matin	ba'boker	בַּבּוֹקֶר
midi (m)	tsaha'rayim	צָהֳרַיִים (ז״ר)
dans l'après-midi	aχar hatsaha'rayim	אַחַר הַצָהֳרַיִים
soir (m)	'erev	עֶרֶב (ז)

le soir	ba''erev	בָּעֶרֶב
nuit (f)	'laila	לַיְלָה (ז)
la nuit	ba'laila	בַּלַּיְלָה
minuit (f)	χatsot	חֲצוֹת (נ)

seconde (f)	ʃniya	שְׁנִיָּה (נ)
minute (f)	daka	דַּקָּה (נ)
heure (f)	ʃaʿa	שָׁעָה (נ)
demi-heure (f)	χatsi ʃaʿa	חֲצִי שָׁעָה (נ)
un quart d'heure	'reva ʃaʿa	רֶבַע שָׁעָה (ז)
quinze minutes	χameʃ esre dakot	חָמֵשׁ עֶשְׂרֵה דַּקּוֹת
vingt-quatre heures	yemama	יְמָמָה (נ)

lever (m) du soleil	zriχa	זְרִיחָה (נ)
aube (f)	'ʃaχar	שַׁחַר (ז)
point (m) du jour	'ʃaχar	שַׁחַר (ז)
coucher (m) du soleil	ʃkiʿa	שְׁקִיעָה (נ)

tôt le matin	mukdam ba'boker	מוּקְדָּם בַּבּוֹקֶר
ce matin	ha'boker	הַבּוֹקֶר
demain matin	maχar ba'boker	מָחָר בַּבּוֹקֶר

cet après-midi	hayom aχarei hatzaha'rayim	הַיּוֹם אַחֲרֵי הַצָּהֳרַיִים
dans l'après-midi	aχar hatsaha'rayim	אַחַר הַצָּהֳרַיִים
demain après-midi	maχar aχarei hatsaha'rayim	מָחָר אַחֲרֵי הַצָּהֳרַיִים

| ce soir | ha''erev | הָעֶרֶב |
| demain soir | maχar ba''erev | מָחָר בָּעֶרֶב |

à 3 heures précises	baʃaʿa ʃaloʃ bediyuk	בְּשָׁעָה שָׁלוֹשׁ בְּדִיּוּק
autour de 4 heures	bisvivot arba	בִּסְבִיבוֹת אַרְבַּע
vers midi	ad ʃteim esre	עַד שְׁתֵּים־עֶשְׂרֵה

dans 20 minutes	be'od esrim dakot	בְּעוֹד עֶשְׂרִים דַּקּוֹת
dans une heure	be'od ʃaʿa	בְּעוֹד שָׁעָה
à temps	bazman	בַּזְּמַן

... moins le quart	'reva le...	רֶבַע לְ...
en une heure	toχ ʃaʿa	תּוֹךְ שָׁעָה
tous les quarts d'heure	kol 'reva ʃaʿa	כָּל רֶבַע שָׁעָה
24 heures sur 24	misaviv laʃaʿon	מִסָּבִיב לַשָּׁעוֹן

19. Les mois. Les saisons

janvier (m)	'yanu'ar	יָנוּאָר (ז)
février (m)	'febru'ar	פֶבְּרוּאָר (ז)
mars (m)	merts	מֶרְץ (ז)
avril (m)	april	אַפְּרִיל (ז)

| mai (m) | mai | מָאי (ז) |
| juin (m) | 'yuni | יוּנִי (ז) |

juillet (m)	'yuli	יוּלִי (ז)
août (m)	'ogust	אוֹגוּסט (ז)
septembre (m)	sep'tember	סֶפְּטֶמְבֶּר (ז)
octobre (m)	ok'tober	אוֹקְטוֹבֶּר (ז)
novembre (m)	no'vember	נוֹבֶמְבֶּר (ז)
décembre (m)	de'tsember	דֶצֶמְבֶּר (ז)

printemps (m)	aviv	אָבִיב (ז)
au printemps	ba'aviv	בָּאָבִיב
de printemps (adj)	avivi	אֲבִיבִי

été (m)	'kayits	קַיִץ (ז)
en été	ba'kayits	בַּקַיִץ
d'été (adj)	ketsi	קֵיצִי

automne (m)	stav	סתָיו (ז)
en automne	bestav	בְּסתָיו
d'automne (adj)	stavi	סתָווִי

hiver (m)	'χoref	חוֹרֶף (ז)
en hiver	ba'χoref	בַּחוֹרֶף
d'hiver (adj)	χorpi	חוֹרפִּי

mois (m)	'χodeʃ	חוֹדֶשׁ (ז)
ce mois	ha'χodeʃ	הַחוֹדֶשׁ
le mois prochain	ba'χodeʃ haba	בַּחוֹדֶשׁ הַבָּא
le mois dernier	ba'χodeʃ ʃe'avar	בַּחוֹדֶשׁ שֶׁעָבָר

il y a un mois	lifnei 'χodeʃ	לִפְנֵי חוֹדֶשׁ
dans un mois	be'od 'χodeʃ	בְּעוֹד חוֹדֶשׁ
dans 2 mois	be'od χod'ʃayim	בְּעוֹד חוֹדשַׁיִים
tout le mois	kol ha'χodeʃ	כָּל הַחוֹדֶשׁ
tout un mois	kol ha'χodeʃ	כָּל הַחוֹדֶשׁ

mensuel (adj)	χodʃi	חוֹדשִׁי
mensuellement	χodʃit	חוֹדשִׁית
chaque mois	kol 'χodeʃ	כָּל חוֹדֶשׁ
2 fois par mois	pa'a'mayim be'χodeʃ	פַּעֲמַיִים בְּחוֹדֶשׁ

année (f)	ʃana	שָׁנָה (נ)
cette année	haʃana	הַשָׁנָה
l'année prochaine	baʃana haba'a	בָּשָׁנָה הַבָּאָה
l'année dernière	baʃana ʃe'avra	בָּשָׁנָה שֶׁעָבְרָה

il y a un an	lifnei ʃana	לִפְנֵי שָׁנָה
dans un an	be'od ʃana	בְּעוֹד שָׁנָה
dans 2 ans	be'od ʃna'tayim	בְּעוֹד שׁנָתַיִים
toute l'année	kol haʃana	כָּל הַשָׁנָה
toute une année	kol haʃana	כָּל הַשָׁנָה

chaque année	kol ʃana	כָּל שָׁנָה
annuel (adj)	ʃnati	שְׁנָתִי
annuellement	midei ʃana	מֵדֵי שָׁנָה
4 fois par an	arba pa'amim be'xodeʃ	אַרְבַּע פְּעָמִים בְּחוֹדֶש
date (f) (jour du mois)	ta'arix	תַּאֲרִיך (ז)
date (f) (~ mémorable)	ta'arix	תַּאֲרִיך (ז)
calendrier (m)	'luax ʃana	לוּחַ שָׁנָה (ז)
six mois	xatsi ʃana	חָצִי שָׁנָה (ז)
semestre (m)	ʃiʃa xodaʃim, xatsi ʃana	חָצִי שָׁנָה, שִׁישָׁה חוֹדָשִׁים
saison (f)	ona	עוֹנָה (נ)
siècle (m)	'me'a	מֵאָה (נ)

LES VOYAGES. L'HÔTEL

T&P Books Publishing

20. Les voyages. Les excursions

tourisme (m)	tayarut	תַּיָּירוּת (נ)
touriste (m)	tayar	תַּיָּיר (ז)
voyage (m) (à l'étranger)	tiyul	טִיוּל (ז)
aventure (f)	harpatka	הַרְפַּתְקָה (נ)
voyage (m)	nesi'a	נְסִיעָה (נ)
vacances (f pl)	χuʃʃa	חוּפְשָׁה (נ)
être en vacances	lihyot beχuʃʃa	לִהְיוֹת בְּחוּפְשָׁה
repos (m) (jours de ~)	menuχa	מְנוּחָה (נ)
train (m)	ra'kevet	רַכֶּבֶת (נ)
en train	bera'kevet	בְּרַכֶּבֶת
avion (m)	matos	מָטוֹס (ז)
en avion	bematos	בְּמָטוֹס
en voiture	bemeχonit	בִּמְכוֹנִית
en bateau	be'oniya	בָּאֳונִיָּיה
bagage (m)	mit'an	מִטְעָן (ז)
malle (f)	mizvada	מִזְוָודָה (נ)
chariot (m)	eglat mit'an	עֶגְלַת מִטְעָן (נ)
passeport (m)	darkon	דַּרְכּוֹן (ז)
visa (m)	'viza, aʃra	וִיזָה, אַשְׁרָה (נ)
ticket (m)	kartis	כַּרְטִיס (ז)
billet (m) d'avion	kartis tisa	כַּרְטִיס טִיסָה (ז)
guide (m) (livre)	madriχ	מַדְרִיךְ (ז)
carte (f)	mapa	מַפָּה (נ)
région (f) (~ rurale)	ezor	אֵזוֹר (ז)
endroit (m)	makom	מָקוֹם (ז)
exotisme (m)	ek'zotika	אֶקְזוֹטִיקָה (נ)
exotique (adj)	ek'zoti	אֶקְזוֹטִי
étonnant (adj)	nifla	נִפְלָא
groupe (m)	kvutsa	קְבוּצָה (נ)
excursion (f)	tiyul	טִיוּל (ז)
guide (m) (personne)	madriχ tiyulim	מַדְרִיךְ טִיוּלִים (ז)

21. L'hôtel

hôtel (m), auberge (f)	malon	מָלוֹן (ז)
motel (m)	motel	מוֹטֶל (ז)

3 étoiles	ʃloʃa koxavim	שְׁלוֹשָׁה כּוֹכָבִים
5 étoiles	xamiʃa koxavim	חֲמִישָׁה כּוֹכָבִים
descendre (à l'hôtel)	lehit'axsen	לְהִתְאַכְסֵן
chambre (f)	'xeder	חֶדֶר (ז)
chambre (f) simple	'xeder yaxid	חֶדֶר יָחִיד (ז)
chambre (f) double	'xeder zugi	חֶדֶר זוּגִי (ז)
réserver une chambre	lehazmin 'xeder	לְהַזְמִין חֶדֶר
demi-pension (f)	xatsi pensiyon	חֲצִי פֶּנְסִיוֹן (ז)
pension (f) complète	pensyon male	פֶּנְסִיוֹן מָלֵא (ז)
avec une salle de bain	im am'batya	עִם אַמְבַּטְיָה
avec une douche	im mik'laxat	עִם מִקְלַחַת
télévision (f) par satellite	tele'vizya bekvalim	טֶלֶוִויזְיָה בְּכְּבָלִים (נ)
climatiseur (m)	mazgan	מַזְגָן (ז)
serviette (f)	ma'gevet	מַגֶבֶת (נ)
clé (f)	maf'teax	מַפְתֵחַ (ז)
administrateur (m)	amarkal	אֲמַרְכָּל (ז)
femme (f) de chambre	xadranit	חַדְרָנִית (נ)
porteur (m)	sabal	סַבָּל (ז)
portier (m)	pakid kabala	פְּקִיד קַבָּלָה (ז)
restaurant (m)	mis'ada	מִסְעָדָה (נ)
bar (m)	bar	בָּר (ז)
petit déjeuner (m)	aruxat 'boker	אֲרוּחַת בּוֹקֶר (נ)
dîner (m)	aruxat 'erev	אֲרוּחַת עֶרֶב (נ)
buffet (m)	miznon	מִזְנוֹן (ז)
hall (m)	'lobi	לוֹבִּי (ז)
ascenseur (m)	ma'alit	מַעֲלִית (נ)
PRIÈRE DE NE PAS DÉRANGER	lo lehaf'ri'a	לֹא לְהַפְרִיעַ
DÉFENSE DE FUMER	asur le'aʃen!	אָסוּר לְעַשֵׁן!

22. Le tourisme

monument (m)	an'darta	אַנְדַרְטָה (נ)
forteresse (f)	mivtsar	מִבְצָר (ז)
palais (m)	armon	אַרְמוֹן (ז)
château (m)	tira	טִירָה (נ)
tour (f)	migdal	מִגְדָל (ז)
mausolée (m)	ma'uzo'le'um	מָאוּזוֹלֵיאוּם (ז)
architecture (f)	adrixalut	אַדְרִיכָלוּת (נ)
médiéval (adj)	benaimi	בֵּינַיימִי
ancien (adj)	atik	עָתִיק
national (adj)	le'umi	לְאוּמִי

connu (adj)	mefursam	מְפוּרסָם
touriste (m)	tayar	תַייָר (ז)
guide (m) (personne)	madriχ tiyulim	מַדרִיך טִיוּלִים (ז)
excursion (f)	tiyul	טִיוּל (ז)
montrer (vt)	lehar'ot	לְהַראוֹת
raconter (une histoire)	lesaper	לְסַפֵּר
trouver (vt)	limtso	לִמצוֹא
se perdre (vp)	la'leχet le'ibud	לָלֶכֶת לְאִיבּוּד
plan (m) (du metro, etc.)	mapa	מַפָּה (נ)
carte (f) (de la ville, etc.)	tarʃim	תַרשִים (ז)
souvenir (m)	maz'keret	מַזכֶּרֶת (נ)
boutique (f) de souvenirs	χanut matanot	חָנוּת מַתָנוֹת (נ)
prendre en photo	letsalem	לְצַלֵם
se faire prendre en photo	lehitstalem	לְהִצטַלֵם

LES TRANSPORTS

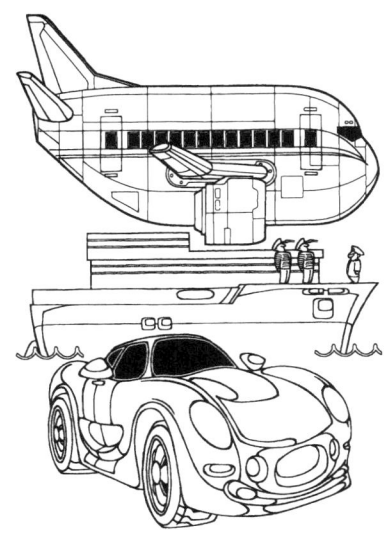

T&P Books Publishing

aéroport (m)	nemal te'ufa	נְמַל תְּעוּפָה (ז)
avion (m)	matos	מָטוֹס (ז)
compagnie (f) aérienne	χevrat te'ufa	חֶבְרַת תְּעוּפָה (נ)
contrôleur (m) aérien	bakar tisa	בַּקָּר טִיסָה (ז)

départ (m)	hamra'a	הַמְרָאָה (נ)
arrivée (f)	neχita	נְחִיתָה (נ)
arriver (par avion)	leha'gi'a betisa	לְהַגִּיעַ בְּטִיסָה

| temps (m) de départ | zman hamra'a | זְמַן הַמְרָאָה (ז) |
| temps (m) d'arrivée | zman neχita | זְמַן נְחִיתָה (ז) |

| être retardé | lehit'akev | לְהִתְעַכֵּב |
| retard (m) de l'avion | ikuv hatisa | עִיכּוּב הַטִּיסָה (ז) |

tableau (m) d'informations	'luaχ meida	לוּחַ מֵידָע (ז)
information (f)	meida	מֵידָע (ז)
annoncer (vt)	leho'dia	לְהוֹדִיעַ
vol (m)	tisa	טִיסָה (נ)

| douane (f) | 'meχes | מֶכֶס (ז) |
| douanier (m) | pakid 'meχes | פָּקִיד מֶכֶס (ז) |

déclaration (f) de douane	hatsharat meχes	הַצְהָרַת מֶכֶס (נ)
remplir (vt)	lemale	לְמַלֵּא
remplir la déclaration	lemale 'tofes hatshara	לְמַלֵּא טוֹפֶס הַצְהָרָה
contrôle (m) de passeport	bdikat darkonim	בְּדִיקַת דַּרְכּוֹנִים (נ)

bagage (m)	kvuda	כְּבוּדָה (נ)
bagage (m) à main	kvudat yad	כְּבוּדַת יָד (נ)
chariot (m)	eglat kvuda	עֶגְלַת כְּבוּדָה (נ)

atterrissage (m)	neχita	נְחִיתָה (נ)
piste (f) d'atterrissage	maslul neχita	מַסְלוּל נְחִיתָה (ז)
atterrir (vi)	linχot	לִנְחוֹת
escalier (m) d'avion	'keveʃ	כֶּבֶשׁ (ז)

| enregistrement (m) | tʃek in | צֶ'ק אִין (ז) |
| comptoir (m) d'enregistrement | dalpak tʃek in | דַּלְפָּק צֶ'ק אִין (ז) |

s'enregistrer (vp)	leva'tse'a tʃek in	לְבַצֵּעַ צֶ'ק אִין
carte (f) d'embarquement	kartis aliya lematos	כַּרְטִיס עֲלִיָּה לְמָטוֹס (ז)
porte (f) d'embarquement	'ʃa'ar yetsi'a	שַׁעַר יְצִיאָה (ז)
transit (m)	ma'avar	מַעֲבָר (ז)

attendre (vt)	lehamtin	לְהַמְתִּין
salle (f) d'attente	traklin tisa	טְרַקְלִין טִיסָה (ז)
raccompagner (à l'aéroport, etc.)	lelavot	לְלַוּוֹת
dire au revoir	lomar lehitra'ot	לוֹמַר לְהִתְרָאוֹת

24. L'avion

avion (m)	matos	מָטוֹס (ז)
billet (m) d'avion	kartis tisa	כַּרְטִיס טִיסָה (ז)
compagnie (f) aérienne	xevrat te'ufa	חֶבְרַת תְּעוּפָה (נ)
aéroport (m)	nemal te'ufa	נְמַל תְּעוּפָה (ז)
supersonique (adj)	al koli	עַל קוֹלִי

commandant (m) de bord	kabarnit	קַבַּרְנִיט (ז)
équipage (m)	'tsevet	צֶוֶות (ז)
pilote (m)	tayas	טַיָּיס (ז)
hôtesse (f) de l'air	da'yelet	דַּיֶּילֶת (נ)
navigateur (m)	navat	נַוָּוט (ז)

ailes (f pl)	kna'fayim	כְּנָפַיִים (נ"ר)
queue (f)	zanav	זָנָב (ז)
cabine (f)	'kokpit	קוֹקְפִּיט (ז)
moteur (m)	ma'no'a	מָנוֹעַ (ז)
train (m) d'atterrissage	kan nesi'a	כַּן נְסִיעָה (ז)
turbine (f)	tur'bina	טוּרבִּינָה (נ)

hélice (f)	madxef	מַדחֵף (ז)
boîte (f) noire	kufsa ʃxora	קוּפְסָה שחוֹרָה (נ)
gouvernail (m)	'hege	הֶגֶה (ז)
carburant (m)	'delek	דֶּלֶק (ז)

consigne (f) de sécurité	hora'ot betixut	הוֹרָאוֹת בְּטִיחוּת (נ"ר)
masque (m) à oxygène	masexat xamtsan	מָסֵיכַת חַמצָן (נ)
uniforme (m)	madim	מַדִּים (ז"ר)
gilet (m) de sauvetage	xagorat hatsala	חֲגוֹרַת הַצָּלָה (נ)
parachute (m)	mitsnax	מִצנָח (ז)

décollage (m)	hamra'a	הַמְרָאָה (נ)
décoller (vi)	lehamri	לְהַמְרִיא
piste (f) de décollage	maslul hamra'a	מַסלוּל הַמְרָאָה (ז)

visibilité (f)	re'ut	רְאוּת (נ)
vol (m) (~ d'oiseau)	tisa	טִיסָה (נ)
altitude (f)	'gova	גּוֹבַה (ז)
trou (m) d'air	kis avir	כִּיס אֲווִיר (ז)

place (f)	moʃav	מוֹשָׁב (ז)
écouteurs (m pl)	ozniyot	אוֹזנִיּוֹת (נ"ר)
tablette (f)	magaʃ mitkapel	מַגָּשׁ מִתקַפֵּל (ז)

| hublot (m) | tsohar | צֹהַר (ז) |
| couloir (m) | ma'avar | מַעֲבָר (ז) |

25. Le train

train (m)	ra'kevet	רַכֶּבֶת (נ)
train (m) de banlieue	ra'kevet parvarim	רַכֶּבֶת פַּרְבָּרִים (נ)
TGV (m)	ra'kevet mehira	רַכֶּבֶת מְהִירָה (נ)
locomotive (f) diesel	katar 'dizel	קַטָּר דִּיזֶל (ז)
locomotive (f) à vapeur	katar	קַטָּר (ז)

| wagon (m) | karon | קָרוֹן (ז) |
| wagon-restaurant (m) | kron mis'ada | קְרוֹן מִסְעָדָה (ז) |

rails (m pl)	mesilot	מְסִילוֹת (נ"ר)
chemin (m) de fer	mesilat barzel	מְסִילַת בַּרְזֶל (נ)
traverse (f)	'eden	אֶדֶן (ז)

quai (m)	ratsif	רָצִיף (ז)
voie (f)	mesila	מְסִילָה (נ)
sémaphore (m)	ramzor	רַמְזוֹר (ז)
station (f)	taxana	תַּחֲנָה (נ)

conducteur (m) de train	nahag ra'kevet	נַהָג רַכֶּבֶת (ז)
porteur (m)	sabal	סַבָּל (ז)
steward (m)	sadran ra'kevet	סַדְרָן רַכֶּבֶת (ז)
passager (m)	no'se'a	נוֹסֵעַ (ז)
contrôleur (m) de billets	bodek	בּוֹדֵק (ז)

| couloir (m) | prozdor | פְּרוֹזְדוֹר (ז) |
| frein (m) d'urgence | ma'atsar xirum | מַעֲצָר חִירוּם (ז) |

compartiment (m)	ta	תָּא (ז)
couchette (f)	dargaʃ	דַּרְגָּשׁ (ז)
couchette (f) d'en haut	dargaʃ elyon	דַּרְגָּשׁ עֶלְיוֹן (ז)
couchette (f) d'en bas	dargaʃ taxton	דַּרְגָּשׁ תַּחְתּוֹן (ז)
linge (m) de lit	matsa'im	מַצָּעִים (ז"ר)

ticket (m)	kartis	כַּרְטִיס (ז)
horaire (m)	'luax zmanim	לוּחַ זְמַנִּים (ז)
tableau (m) d'informations	ʃelet meida	שֶׁלֶט מֵידָע (ז)

partir (vi)	latset	לָצֵאת
départ (m) (du train)	yetsi'a	יְצִיאָה (נ)
arriver (le train)	leha'gi'a	לְהַגִּיעַ
arrivée (f)	haga'a	הַגָּעָה (נ)

arriver en train	leha'gi'a bera'kevet	לְהַגִּיעַ בְּרַכֶּבֶת
prendre le train	la'alot lera'kevet	לַעֲלוֹת לְרַכֶּבֶת
descendre du train	la'redet mehara'kevet	לָרֶדֶת מֵהָרַכֶּבֶת

accident (m) ferroviaire	hitraskut	הִתְרַסְקוּת (נ)
dérailler (vi)	la'redet mipasei ra'kevet	לָרֶדֶת מִפַּסֵּי רַכֶּבֶת
locomotive (f) à vapeur	katar	קַטָּר (ז)
chauffeur (m)	masik	מַסִּיק (ז)
chauffe (f)	kivʃan	כִּבְשָׁן (ז)
charbon (m)	peχam	פֶּחָם (ז)

26. Le bateau

bateau (m)	sfina	סְפִינָה (נ)
navire (m)	sfina	סְפִינָה (נ)
bateau (m) à vapeur	oniyat kitor	אוֹנִיַּת קִיטוֹר (נ)
paquebot (m)	sfinat nahar	סְפִינַת נָהָר (נ)
bateau (m) de croisière	oniyat ta'anugot	אוֹנִיַּת תַּעֲנוּגוֹת (נ)
croiseur (m)	sa'yeret	סַיֶּרֶת (נ)
yacht (m)	'yaχta	יַכְטָה (נ)
remorqueur (m)	go'reret	גּוֹרֶרֶת (נ)
péniche (f)	arba	אַרְבָּה (נ)
ferry (m)	ma'a'boret	מַעֲבֹּרֶת (נ)
voilier (m)	sfinat mifras	סְפִינַת מִפְרָשׂ (נ)
brigantin (m)	briganit	בְּרִיגָנִית (נ)
brise-glace (m)	ʃo'veret 'keraχ	שׁוֹבֶרֶת קֶרַח (נ)
sous-marin (m)	tso'lelet	צוֹלֶלֶת (נ)
canot (m) à rames	sira	סִירָה (נ)
dinghy (m)	sira	סִירָה (נ)
canot (m) de sauvetage	sirat hatsala	סִירַת הַצָּלָה (נ)
canot (m) à moteur	sirat ma'no'a	סִירַת מָנוֹעַ (נ)
capitaine (m)	rav χovel	רַב־חוֹבֵל (ז)
matelot (m)	malaχ	מַלָּח (ז)
marin (m)	yamai	יַמַּאי (ז)
équipage (m)	'tsevet	צֶוֶת (ז)
maître (m) d'équipage	rav malaχim	רַב־מַלָּחִים (ז)
mousse (m)	'na'ar sipun	נַעַר סִיפּוּן (ז)
cuisinier (m) du bord	tabaχ	טַבָּח (ז)
médecin (m) de bord	rofe ha'oniya	רוֹפֵא הָאוֹנִיָּה (ז)
pont (m)	sipun	סִיפּוּן (ז)
mât (m)	'toren	תּוֹרֶן (ז)
voile (f)	mifras	מִפְרָשׂ (ז)
cale (f)	'beten oniya	בֶּטֶן אוֹנִיָּה (נ)
proue (f)	χartom	חַרְטוֹם (ז)
poupe (f)	yarketei hasfina	יַרְכְּתֵי הַסְּפִינָה (ז"ר)

rame (f)	maʃot	מָשׁוֹט (ז)
hélice (f)	madχef	מַדְחֵף (ז)
cabine (f)	ta	תָּא (ז)
carré (m) des officiers	mo'adon kʦinim	מוֹעֲדוֹן קְצִינִים (ז)
salle (f) des machines	χadar meχonot	חֲדַר מְכוֹנוֹת (ז)
passerelle (f)	'geʃer hapikud	גֶּשֶׁר הַפִּיקוּד (ז)
cabine (f) de T.S.F.	ta alχutan	תָּא אַלְחוּטָן (ז)
onde (f)	'teder	תֶּדֶר (ז)
journal (m) de bord	yoman ha'oniya	יוֹמָן הָאוֹנִיָּה (ז)
longue-vue (f)	miʃ'kefet	מִשְׁקֶפֶת (נ)
cloche (f)	pa'amon	פַּעֲמוֹן (ז)
pavillon (m)	'degel	דֶּגֶל (ז)
grosse corde (f) tressée	avot ha'oniya	עֲבוֹת הָאוֹנִיָּה (נ)
nœud (m) marin	'keʃer	קֶשֶׁר (ז)
rampe (f)	ma'ake hasipun	מַעֲקֶה הַסִּיפּוּן (ז)
passerelle (f)	'keveʃ	כֶּבֶשׁ (ז)
ancre (f)	'ogen	עוֹגֶן (ז)
lever l'ancre	leharim 'ogen	לְהָרִים עוֹגֶן
jeter l'ancre	la'agon	לַעֲגוֹן
chaîne (f) d'ancrage	ʃar'ʃeret ha'ogen	שַׁרְשֶׁרֶת הָעוֹגֶן (נ)
port (m)	namal	נָמָל (ז)
embarcadère (m)	'mezaχ	מֵזַח (ז)
accoster (vi)	la'agon	לַעֲגוֹן
larguer les amarres	lehaflig	לְהַפְלִיג
voyage (m) (à l'étranger)	masa, tiyul	מַסָּע (ז), טִיּוּל (ז)
croisière (f)	'ʃayit	שַׁיִט (ז)
cap (m) (suivre un ~)	kivun	כִּיוּוּן (ז)
itinéraire (m)	nativ	נָתִיב (ז)
chenal (m)	nativ 'ʃayit	נָתִיב שַׁיִט (ז)
bas-fond (m)	sirton	שִׂרְטוֹן (ז)
échouer sur un bas-fond	la'alot al hasirton	לַעֲלוֹת עַל הַשִּׂרְטוֹן
tempête (f)	sufa	סוּפָה (נ)
signal (m)	ot	אוֹת (ז)
sombrer (vi)	lit'bo'a	לִטְבּוֹעַ
Un homme à la mer!	adam ba'mayim!	אָדָם בַּמַּיִם!
SOS (m)	kri'at haʦala	קְרִיאַת הַצָּלָה
bouée (f) de sauvetage	galgal haʦala	גַּלְגַּל הַצָּלָה (ז)

LA VILLE

T&P Books Publishing

autobus (m)	'otobus	אוֹטוֹבּוּס (ז)
tramway (m)	ra'kevet kala	רַכֶּבֶת קַלָּה (נ)
trolleybus (m)	tro'leibus	טְרוֹלֵיבּוּס (ז)
itinéraire (m)	maslul	מַסְלוּל (ז)
numéro (m)	mispar	מִסְפָּר (ז)
prendre ...	lin'so'a be...	לִנְסוֹעַ בְּ...
monter (dans l'autobus)	la'alot	לַעֲלוֹת
descendre de ...	la'redet mi...	לָרֶדֶת מִ...
arrêt (m)	taxana	תַּחֲנָה (נ)
arrêt (m) prochain	hataxana haba'a	הַתַּחֲנָה הַבָּאָה (נ)
terminus (m)	hataxana ha'axrona	הַתַּחֲנָה הָאַחֲרוֹנָה (נ)
horaire (m)	'luax zmanim	לוּחַ זְמַנִּים (ז)
attendre (vt)	lehamtin	לְהַמְתִּין
ticket (m)	kartis	כַּרְטִיס (ז)
prix (m) du ticket	mexir hanesiya	מְחִיר הַנְּסִיעָה (ז)
caissier (m)	kupai	קוּפַּאי (ז)
contrôle (m) des tickets	bi'koret kartisim	בִּיקּוֹרֶת כַּרְטִיסִים (נ)
contrôleur (m)	mevaker	מְבַקֵּר (ז)
être en retard	le'axer	לְאַחֵר
rater (~ le train)	lefasfes	לְפַסְפֵּס
se dépêcher	lemaher	לְמַהֵר
taxi (m)	monit	מוֹנִית (נ)
chauffeur (m) de taxi	nahag monit	נַהַג מוֹנִית (ז)
en taxi	bemonit	בְּמוֹנִית
arrêt (m) de taxi	taxanat moniyot	תַּחֲנַת מוֹנִיּוֹת (נ)
appeler un taxi	lehazmin monit	לְהַזְמִין מוֹנִית
prendre un taxi	la'kaxat monit	לָקַחַת מוֹנִית
trafic (m)	tnu'a	תְּנוּעָה (נ)
embouteillage (m)	pkak	פְּקָק (ז)
heures (f pl) de pointe	ʃa'ot 'omes	שְׁעוֹת עוֹמֶס (נ״ר)
se garer (vp)	laxanot	לַחֲנוֹת
garer (vt)	lehaxnot	לְהַחְנוֹת
parking (m)	xanaya	חֲנָיָה (נ)
métro (m)	ra'kevet taxtit	רַכֶּבֶת תַּחְתִּית (נ)
station (f)	taxana	תַּחֲנָה (נ)
prendre le métro	lin'so'a betaxtit	לִנְסוֹעַ בְּתַחְתִּית

| train (m) | ra'kevet | רַכֶּבֶת (נ) |
| gare (f) | taχanat ra'kevet | תַּחֲנַת רַכֶּבֶת (נ) |

28. La ville. La vie urbaine

ville (f)	ir	עִיר (נ)
capitale (f)	ir bira	עִיר בִּירָה (נ)
village (m)	kfar	כְּפָר (ז)

plan (m) de la ville	mapat ha'ir	מַפַּת הָעִיר (נ)
centre-ville (m)	merkaz ha'ir	מֶרְכַּז הָעִיר (ז)
banlieue (f)	parvar	פַּרְוָר (ז)
de banlieue (adj)	parvari	פַּרְוָרִי

périphérie (f)	parvar	פַּרְוָר (ז)
alentours (m pl)	svivot	סְבִיבוֹת (נ"ר)
quartier (m)	ʃχuna	שְׁכוּנָה (נ)
quartier (m) résidentiel	ʃχunat megurim	שְׁכוּנַת מְגוּרִים (נ)

trafic (m)	tnu'a	תְּנוּעָה (נ)
feux (m pl) de circulation	ramzor	רַמְזוֹר (ז)
transport (m) urbain	taχbura tsiburit	תַּחְבּוּרָה צִיבּוּרִית (נ)
carrefour (m)	'tsomet	צוֹמֶת (ז)

passage (m) piéton	ma'avar χatsaya	מַעֲבַר חֲצָיָה (ז)
passage (m) souterrain	ma'avar tat karka'i	מַעֲבָר תַּת־קַרְקָעִי (ז)
traverser (vt)	laχatsot	לַחֲצוֹת
piéton (m)	holeχ 'regel	הוֹלֵךְ רֶגֶל (ז)
trottoir (m)	midraχa	מִדְרָכָה (נ)

pont (m)	'geʃer	גֶּשֶׁר (ז)
quai (m)	ta'yelet	טַיֶּלֶת (נ)
fontaine (f)	mizraka	מִזְרָקָה (נ)

allée (f)	sdera	שְׂדֵרָה (נ)
parc (m)	park	פָּארְק (ז)
boulevard (m)	sdera	שְׂדֵרָה (נ)
place (f)	kikar	כִּיכָּר (נ)
avenue (f)	reχov raʃi	רְחוֹב רָאשִׁי (ז)
rue (f)	reχov	רְחוֹב (ז)
ruelle (f)	simta	סִמְטָה (נ)
impasse (f)	mavoi satum	מָבוֹי סָתוּם (ז)

maison (f)	'bayit	בַּיִת (ז)
édifice (m)	binyan	בִּנְיָן (ז)
gratte-ciel (m)	gored ʃχakim	גּוֹרֵד שְׁחָקִים (ז)

façade (f)	χazit	חֲזִית (נ)
toit (m)	gag	גַּג (ז)
fenêtre (f)	χalon	חַלּוֹן (ז)

arc (m)	'keʃet	קֶשֶׁת (ז)
colonne (f)	amud	עַמּוּד (ז)
coin (m)	pina	פִּינָה (נ)
vitrine (f)	χalon ra'ava	חַלּוֹן רַאֲוָה (ז)
enseigne (f)	'ʃelet	שֶׁלֶט (ז)
affiche (f)	kraza	כְּרָזָה (נ)
affiche (f) publicitaire	'poster	פּוֹסְטֶר (ז)
panneau-réclame (m)	'luaχ pirsum	לוּחַ פִּרְסוּם (ז)
ordures (f pl)	'zevel	זֶבֶל (ז)
poubelle (f)	paχ aʃpa	פַּח אַשְׁפָּה (ז)
jeter à terre	lelaχleχ	לְלַכְלֵךְ
décharge (f)	mizbala	מִזְבָּלָה (נ)
cabine (f) téléphonique	ta 'telefon	תָּא טֶלֶפוֹן (ז)
réverbère (m)	amud panas	עַמּוּד פָּנָס (ז)
banc (m)	safsal	סַפְסָל (ז)
policier (m)	ʃoter	שׁוֹטֵר (ז)
police (f)	miʃtara	מִשְׁטָרָה (נ)
clochard (m)	kabtsan	קַבְּצָן (ז)
sans-abri (m)	χasar 'bayit	חֲסַר בַּיִת (ז)

29. Les institutions urbaines

magasin (m)	χanut	חֲנוּת (נ)
pharmacie (f)	beit mir'kaχat	בֵּית מִרְקַחַת (ז)
opticien (m)	χanut miʃka'fayim	חֲנוּת מִשְׁקָפַיִם (נ)
centre (m) commercial	kanyon	קַנְיוֹן (ז)
supermarché (m)	super'market	סוּפֶּרְמַרְקֶט (ז)
boulangerie (f)	ma'afiya	מַאֲפִיָּה (נ)
boulanger (m)	ofe	אוֹפֶה (ז)
pâtisserie (f)	χanut mamtakim	חֲנוּת מַמְתָּקִים (נ)
épicerie (f)	ma'kolet	מַכּוֹלֶת (נ)
boucherie (f)	itliz	אִטְלִיז (ז)
magasin (m) de légumes	χanut perot viyerakot	חֲנוּת פֵּירוֹת וִירָקוֹת (נ)
marché (m)	ʃuk	שׁוּק (ז)
salon (m) de café	beit kafe	בֵּית קָפֶה (ז)
restaurant (m)	mis'ada	מִסְעָדָה (נ)
brasserie (f)	pab	פָּאבּ (ז)
pizzeria (f)	pi'tseriya	פִּיצֶרְיָה (נ)
salon (m) de coiffure	mispara	מִסְפָּרָה (נ)
poste (f)	'do'ar	דּוֹאַר (ז)
pressing (m)	nikui yaveʃ	נִיקוּי יָבֵשׁ (ז)
atelier (m) de photo	'studyo letsilum	סְטוּדְיוֹ לְצִילוּם (ז)

magasin (m) de chaussures	χanut naʿaʿlayim	חֲנוּת נַעֲלַיִים (נ)
librairie (f)	χanut sfarim	חֲנוּת סְפָרִים (נ)
magasin (m) d'articles de sport	χanut sport	חֲנוּת סְפּוֹרְט (נ)
atelier (m) de retouche	χanut tikun bgadim	חֲנוּת תִּיקּוּן בְּגָדִים (נ)
location (f) de vêtements	χanut haskarat bgadim	חֲנוּת הַשְׂכָּרַת בְּגָדִים (נ)
location (f) de films	χanut haʃalat sratim	חֲנוּת הַשְׁאָלַת סְרָטִים (נ)
cirque (m)	kirkas	קִרְקָס (ז)
zoo (m)	gan hayot	גַּן חַיּוֹת (ז)
cinéma (m)	kol'no'a	קוֹלְנוֹעַ (ז)
musée (m)	muzeʾon	מוּזֵיאוֹן (ז)
bibliothèque (f)	sifriya	סְפְרִיָּה (נ)
théâtre (m)	te'atron	תֵּיאַטְרוֹן (ז)
opéra (m)	beit 'opera	בֵּית אוֹפֵּרָה (ז)
boîte (f) de nuit	moʿadon 'laila	מוֹעֲדוֹן לַיְלָה (ז)
casino (m)	ka'zino	קָזִינוֹ (ז)
mosquée (f)	misgad	מִסְגָּד (ז)
synagogue (f)	beit 'kneset	בֵּית כְּנֶסֶת (ז)
cathédrale (f)	kated'rala	קָתֶדְרָלָה (נ)
temple (m)	mikdaʃ	מִקְדָּש (ז)
église (f)	knesiya	כְּנֵסִיָּה (נ)
institut (m)	miχlala	מִכְלָלָה (נ)
université (f)	uni'versita	אוּנִיבֶרְסִיטָה (נ)
école (f)	beit 'sefer	בֵּית סֵפֶר (ז)
préfecture (f)	maχoz	מָחוֹז (ז)
mairie (f)	iriya	עִירִיָּה (נ)
hôtel (m)	beit malon	בֵּית מָלוֹן (ז)
banque (f)	bank	בַּנְק (ז)
ambassade (f)	ʃagrirut	שַׁגְרִירוּת (נ)
agence (f) de voyages	soχnut nesiʿot	סוֹכְנוּת נְסִיעוֹת (נ)
bureau (m) d'information	modiʿin	מוֹדִיעִין (ז)
bureau (m) de change	misrad hamarat mat'beʿa	מִשְׂרַד הָמָרַת מַטְבֵּעַ (ז)
métro (m)	ra'kevet taχtit	רַכֶּבֶת תַּחְתִּית (נ)
hôpital (m)	beit χolim	בֵּית חוֹלִים (ז)
station-service (f)	taχanat 'delek	תַּחֲנַת דֶלֶק (נ)
parking (m)	migraʃ χanaya	מִגְרַש חֲנָיָה (ז)

30. Les enseignes. Les panneaux

enseigne (f)	'ʃelet	שֶׁלֶט (ז)
pancarte (f)	moda'a	מוֹדָעָה (נ)

poster (m)	'poster	פּוֹסְטֶר (ז)
indicateur (m) de direction	tamrur	תַּמְרוּר (ז)
flèche (f)	χeʦ	חֵץ (ז)
avertissement (m)	azhara	אַזְהָרָה (נ)
panneau d'avertissement	'ʃelet azhara	שֶׁלֶט אַזְהָרָה (ז)
avertir (vt)	lehazhir	לְהַזְהִיר
jour (m) de repos	yom 'χofeʃ	יוֹם חוֹפֶשׁ (ז)
horaire (m)	'luaχ zmanim	לוּחַ זְמַנִּים (ז)
heures (f pl) d'ouverture	ʃa'ot avoda	שְׁעוֹת עָבוֹדָה (נ״ר)
BIENVENUE!	bruχim haba'im!	בְּרוּכִים הַבָּאִים!
ENTRÉE	knisa	כְּנִיסָה
SORTIE	yeʦi'a	יְצִיאָה
POUSSER	dχof	דְּחוֹף
TIRER	mʃoχ	מְשׁוֹךְ
OUVERT	pa'tuaχ	פָּתוּחַ
FERMÉ	sagur	סָגוּר
FEMMES	lenaʃim	לְנָשִׁים
HOMMES	legvarim	לִגְבָרִים
RABAIS	hanaχot	הֲנָחוֹת
SOLDES	mivʦa	מִבְצָע
NOUVEAU!	χadaʃ!	חָדָשׁ!
GRATUIT	χinam	חִנָּם
ATTENTION!	sim lev!	שִׂים לֵב!
COMPLET	ein makom panui	אֵין מָקוֹם פָּנוּי
RÉSERVÉ	ʃamur	שָׁמוּר
ADMINISTRATION	hanhala	הַנְהָלָה
RÉSERVÉ AU PERSONNEL	le'ovdim bilvad	לְעוֹבְדִים בִּלְבַד
ATTENTION CHIEN MÉCHANT	zehirut 'kelev noʃeχ!	זְהִירוּת, כֶּלֶב נוֹשֵׁךְ!
DÉFENSE DE FUMER	asur le'aʃen!	אָסוּר לְעַשֵּׁן!
PRIÈRE DE NE PAS TOUCHER	lo lagaat!	לֹא לָגַעַת!
DANGEREUX	mesukan	מְסֻכָּן
DANGER	sakana	סַכָּנָה
HAUTE TENSION	'metaχ ga'voha	מֶתַח גָּבוֹהַּ
BAIGNADE INTERDITE	haraχaʦa asura!	הָרַחְצָה אָסוּרָה!
HORS SERVICE	lo oved	לֹא עוֹבֵד
INFLAMMABLE	dalik	דָּלִיק
INTERDIT	asur	אָסוּר
PASSAGE INTERDIT	asur la'avor	אָסוּר לַעֲבוֹר
PEINTURE FRAÎCHE	'ʦeva laχ	צֶבַע לַח

31. Le shopping

acheter (vt)	liknot	לִקְנוֹת
achat (m)	kniya	קְנִיָּה (נ)
faire des achats	la'leχet lekniyot	לָלֶכֶת לִקְנִיּוֹת
shopping (m)	ariχat kniyot	עֲרִיכַת קְנִיּוֹת (נ)
être ouvert	pa'tuaχ	פָּתוּחַ
être fermé	sagur	סָגוּר
chaussures (f pl)	na'a'layim	נַעֲלַיִים (נ"ר)
vêtement (m)	bgadim	בְּגָדִים (ז"ר)
produits (m pl) de beauté	tamrukim	תַּמְרוּקִים (ז"ר)
produits (m pl) alimentaires	mutsrei mazon	מוּצְרֵי מָזוֹן (ז"ר)
cadeau (m)	matana	מַתָּנָה (נ)
vendeur (m)	moχer	מוֹכֵר (ז)
vendeuse (f)	mo'χeret	מוֹכֶרֶת (נ)
caisse (f)	kupa	קוּפָּה (נ)
miroir (m)	mar'a	מַרְאָה (נ)
comptoir (m)	duχan	דּוּכָן (ז)
cabine (f) d'essayage	'χeder halbaſa	חֲדַר הַלְבָּשָׁה (ז)
essayer (robe, etc.)	limdod	לִמְדּוֹד
aller bien (robe, etc.)	lehat'im	לְהַתְאִים
plaire (être apprécié)	limtso χen be'ei'nayim	לִמְצוֹא חֵן בְּעֵינַיִים
prix (m)	meχir	מְחִיר (ז)
étiquette (f) de prix	tag meχir	תָּג מְחִיר (ז)
coûter (vt)	la'alot	לַעֲלוֹת
Combien?	'kama?	כַּמָּה?
rabais (m)	hanaχa	הֲנָחָה (נ)
pas cher (adj)	lo yakar	לֹא יָקָר
bon marché (adj)	zol	זוֹל
cher (adj)	yakar	יָקָר
C'est cher	ze yakar	זֶה יָקָר
location (f)	haskara	הַשְׂכָּרָה (נ)
louer (une voiture, etc.)	liskor	לִשְׂכּוֹר
crédit (m)	aſrai	אַשְׁרַאי (ז)
à crédit (adv)	be'aſrai	בְּאַשְׁרַאי

LES VÊTEMENTS &
LES ACCESSOIRES

T&P Books Publishing

32. Les vêtements d'extérieur

vêtement (m)	bgadim	בְּגָדִים (ז״ר)
survêtement (m)	levuʃ elyon	לְבוּשׁ עֶלְיוֹן (ז)
vêtement (m) d'hiver	bigdei 'χoref	בִּגְדֵי חוֹרֶף (ז״ר)
manteau (m)	me'il	מְעִיל (ז)
manteau (m) de fourrure	me'il parva	מְעִיל פַּרְוָה (ז)
veste (f) de fourrure	me'il parva katsar	מְעִיל פַּרְוָה קָצָר (ז)
manteau (m) de duvet	me'il puχ	מְעִיל פּוּךְ (ז)
veste (f) (~ en cuir)	me'il katsar	מְעִיל קָצָר (ז)
imperméable (m)	me'il 'geʃem	מְעִיל גֶּשֶׁם (ז)
imperméable (adj)	amid be'mayim	עָמִיד בְּמַיִם

33. Les vêtements

chemise (f)	χultsa	חוּלְצָה (נ)
pantalon (m)	miχna'sayim	מִכְנָסַיִים (ז״ר)
jean (m)	miχnesei 'dʒins	מִכְנְסֵי ג׳ִ'ינְס (ז״ר)
veston (m)	ʒaket	זָ'קֵט (ז)
complet (m)	χalifa	חֲלִיפָה (נ)
robe (f)	simla	שִׂמְלָה (נ)
jupe (f)	χatsa'it	חֲצָאִית (נ)
chemisette (f)	χultsa	חוּלְצָה (נ)
veste (f) en laine	ʒaket 'tsemer	זָ'קֵט צֶמֶר (ז)
jaquette (f), blazer (m)	ʒaket	זָ'קֵט (ז)
tee-shirt (m)	ti ʃert	טִי שֶׁרְט (ז)
short (m)	miχna'sayim ktsarim	מִכְנָסַיִים קְצָרִים (ז״ר)
costume (m) de sport	'trening	טְרֶנִינְג (ז)
peignoir (m) de bain	χaluk raχatsa	חָלוּק רַחְצָה (ז)
pyjama (m)	pi'dʒama	פִּיג׳'מָה (נ)
chandail (m)	'sveder	סְווֶדֶר (ז)
pull-over (m)	afuda	אֲפוּדָה (נ)
gilet (m)	vest	וֶסְט (ז)
queue-de-pie (f)	frak	פְרָאק (ז)
smoking (m)	tuk'sido	טוּקְסִידוֹ (ז)
uniforme (m)	madim	מַדִים (ז״ר)
tenue (f) de travail	bigdei avoda	בִּגְדֵי עֲבוֹדָה (ז״ר)

salopette (f)	sarbal	סַרְבָּל (ז)
blouse (f) (d'un médecin)	χaluk	חָלוּק (ז)

34. Les sous-vêtements

sous-vêtements (m pl)	levanim	לְבָנִים (ז״ר)
boxer (m)	taχtonim	תַחְתּוֹנִים (ז״ר)
slip (m) de femme	taχtonim	תַחְתּוֹנִים (ז״ר)
maillot (m) de corps	gufiya	גוּפִיָּה (נ)
chaussettes (f pl)	gar'bayim	גַרְבַּיִם (ז״ר)
chemise (f) de nuit	'ktonet 'laila	כְּתוֹנֶת לַיְלָה (נ)
soutien-gorge (m)	χaziya	חֲזִיָּה (נ)
chaussettes (f pl) hautes	birkon	בִּרְכּוֹן (ז)
collants (m pl)	garbonim	גַרְבּוֹנִים (ז״ר)
bas (m pl)	garbei 'nailon	גַרְבֵּי נַיְלוֹן (ז״ר)
maillot (m) de bain	'beged yam	בֶּגֶד יָם (ז)

35. Les chapeaux

chapeau (m)	'kova	כּוֹבַע (ז)
chapeau (m) feutre	'kova 'leved	כּוֹבַע לֶבֶד (ז)
casquette (f) de base-ball	'kova 'beisbol	כּוֹבַע בֵּייסְבּוֹל (ז)
casquette (f)	'kova mitsχiya	כּוֹבַע מִצְחִיָּה (ז)
béret (m)	baret	בֶּרֶט (ז)
capuche (f)	bardas	בַּרְדָּס (ז)
panama (m)	'kova 'tembel	כּוֹבַע טֶמְבֵּל (ז)
bonnet (m) de laine	'kova 'gerev	כּוֹבַע גֶרֶב (ז)
foulard (m)	mit'paχat	מִטְפַּחַת (נ)
chapeau (m) de femme	'kova	כּוֹבַע (ז)
casque (m) (d'ouvriers)	kasda	קַסְדָה (נ)
calot (m)	kumta	כּוּמְתָה (נ)
casque (m) (~ de moto)	kasda	קַסְדָה (נ)
melon (m)	mig'baʿat meʿu'gelet	מִגְבַּעַת מְעוּגֶלֶת (נ)
haut-de-forme (m)	tsi'linder	צִילִינְדֶּר (ז)

36. Les chaussures

chaussures (f pl)	hanʿala	הַנְעָלָה (נ)
bottines (f pl)	naʿa'layim	נַעֲלַיִים (נ״ר)
souliers (m pl) (~ plats)	naʿa'layim	נַעֲלַיִים (נ״ר)
bottes (f pl)	maga'fayim	מַגָּפַיִם (ז״ר)

chaussons (m pl)	na'alei 'bayit	נַעֲלֵי בַּיִת (נ״ר)
tennis (m pl)	na'alei sport	נַעֲלֵי סְפּוֹרט (נ״ר)
baskets (f pl)	na'alei sport	נַעֲלֵי סְפּוֹרט (נ״ר)
sandales (f pl)	sandalim	סַנְדָלִים (ז״ר)
cordonnier (m)	sandlar	סַנְדְלָר (ז)
talon (m)	akev	עָקֵב (ז)
paire (f)	zug	זוּג (ז)
lacet (m)	sroχ	שְׂרוֹך (ז)
lacer (vt)	lisroχ	לִשְׂרוֹך
chausse-pied (m)	kaf na'a'layim	כַּף נַעֲלַיים (נ)
cirage (m)	miʃχat na'a'layim	מִשְׁחַת נַעֲלַיים (נ)

37. Les accessoires personnels

gants (m pl)	kfafot	כְּפָפוֹת (נ״ר)
moufles (f pl)	kfafot	כְּפָפוֹת (נ״ר)
écharpe (f)	tsa'if	צָעִיף (ז)
lunettes (f pl)	miʃka'fayim	מִשְׁקָפַיים (ז״ר)
monture (f)	mis'geret	מִסְגֶרֶת (נ)
parapluie (m)	mitriya	מִטְרִייָה (נ)
canne (f)	makel haliχa	מַקֵּל הֲלִיכָה (ז)
brosse (f) à cheveux	miv'reʃet se'ar	מִבְרֶשֶׁת שֵׂיעָר (נ)
éventail (m)	menifa	מְנִיפָה (נ)
cravate (f)	aniva	עֲנִיבָה (נ)
nœud papillon (m)	anivat parpar	עֲנִיבַת פַּרְפַּר (נ)
bretelles (f pl)	ktefiyot	כְּתֵפִיוֹת (נ״ר)
mouchoir (m)	mimχata	מִמְחָטָה (נ)
peigne (m)	masrek	מַסְרֵק (ז)
barrette (f)	sikat roʃ	סִיכַּת רֹאש (נ)
épingle (f) à cheveux	sikat se'ar	סִיכָּת שֵׂעָר (נ)
boucle (f)	avzam	אַבְזָם (ז)
ceinture (f)	χagora	חֲגוֹרָה (נ)
bandoulière (f)	retsu'at katef	רְצוּעַת כָּתֵף (נ)
sac (m)	tik	תִיק (ז)
sac (m) à main	tik	תִיק (ז)
sac (m) à dos	tarmil	תַרְמִיל (ז)

38. Les vêtements. Divers

mode (f)	ofna	אוֹפְנָה (נ)
à la mode (adj)	ofnati	אוֹפְנָתִי

couturier, créateur de mode	me'atsev ofna	מְעַצֵּב אוֹפְנָה (ז)
col (m)	tsavaron	צַוָּארוֹן (ז)
poche (f)	kis	כִּיס (ז)
de poche (adj)	ʃel kis	שֶׁל כִּיס
manche (f)	ʃarvul	שַׁרְווּל (ז)
bride (f)	mitle	מִתְלָה (ז)
braguette (f)	xanut	חֲנוּת (נ)
fermeture (f) à glissière	roxsan	רוֹכְסָן (ז)
agrafe (f)	'keres	קֶרֶס (ז)
bouton (m)	kaftor	כַּפְתּוֹר (ז)
boutonnière (f)	lula'a	לוּלָאָה (נ) .
s'arracher (bouton)	lehitaleʃ	לְהִיתָּלֵשׁ
coudre (vi, vt)	litpor	לִתְפּוֹר
broder (vt)	lirkom	לִרְקוֹם
broderie (f)	rikma	רִקְמָה (נ)
aiguille (f)	'maxat tfira	מַחַט תְּפִירָה (נ)
fil (m)	xut	חוּט (ז)
couture (f)	'tefer	תֶּפֶר (ז)
se salir (vp)	lehitlaxlex	לְהִתְלַכְלֵךְ
tache (f)	'ketem	כֶּתֶם (ז)
se froisser (vp)	lehitkamet	לְהִתְקַמֵּט
déchirer (vt)	lik'ro'a	לִקְרוֹעַ
mite (f)	aʃ	עָשׁ (ז)

39. L'hygiène corporelle. Les cosmétiques

dentifrice (m)	miʃxat ʃi'nayim	מִשְׁחַת שִׁינַּיִים (נ)
brosse (f) à dents	miv'reʃet ʃi'nayim	מִבְרֶשֶׁת שִׁינַּיִים (נ)
se brosser les dents	letsax'tseax ʃi'nayim	לְצַחְצֵחַ שִׁינַּיִים
rasoir (m)	'ta'ar	תַּעַר (ז)
crème (f) à raser	'ketsef gi'luax	קֶצֶף גִּילּוּחַ (ז)
se raser (vp)	lehitga'leax	לְהִתְגַּלֵּחַ
savon (m)	sabon	סַבּוֹן (ז)
shampooing (m)	ʃampu	שַׁמְפּוּ (ז)
ciseaux (m pl)	mispa'rayim	מִסְפָּרַיִים (ז"ר)
lime (f) à ongles	ptsira	פְּצִירָה (נ)
pinces (f pl) à ongles	gozez tsipor'nayim	גּוֹזֵז צִיפּוֹרְנַיִים (ז)
pince (f) à épiler	pin'tseta	פִּינְצֶטָה (נ)
produits (m pl) de beauté	tamrukim	תַּמְרוּקִים (ז"ר)
masque (m) de beauté	masexa	מַסֵּכָה (נ)
manucure (f)	manikur	מָנִיקוּר (ז)
se faire les ongles	la'asot manikur	לַעֲשׂוֹת מָנִיקוּר

pédicurie (f)	pedikur	פֶּדִיקוּר (ז)
trousse (f) de toilette	tik ipur	תִּיק אִיפּוּר (ז)
poudre (f)	'pudra	פּוּדְרָה (נ)
poudrier (m)	pudriya	פּוּדְרִיָּה (נ)
fard (m) à joues	'somek	סוֹמֶק (ז)
parfum (m)	'bosem	בּוֹשֶׂם (ז)
eau (f) de toilette	mei 'bosem	מֵי בּוֹשֶׂם (ז־ר)
lotion (f)	mei panim	מֵי פָּנִים (ז־ר)
eau de Cologne (f)	mei 'bosem	מֵי בּוֹשֶׂם (ז־ר)
fard (m) à paupières	tslalit	צְלָלִית (נ)
crayon (m) à paupières	ai 'lainer	אַי לַיינֶר (ז)
mascara (m)	'maskara	מַסְקָרָה (נ)
rouge (m) à lèvres	sfaton	שְׂפָתוֹן (ז)
vernis (m) à ongles	'laka letsipor'nayim	לַכָּה לְצִיפּוֹרְנַיִים (נ)
laque (f) pour les cheveux	tarsis lese'ar	תַּרְסִיס לְשֵׂיעָר (ז)
déodorant (m)	de'odo'rant	דֶאוֹדוֹרַנְט (ז)
crème (f)	krem	קְרֶם (ז)
crème (f) pour le visage	krem panim	קְרֶם פָּנִים (ז)
crème (f) pour les mains	krem ya'dayim	קְרֶם יָדַיִים (ז)
crème (f) anti-rides	krem 'neged kmatim	קְרֶם נֶגֶד קְמָטִים (ז)
crème (f) de jour	krem yom	קְרֶם יוֹם (ז)
crème (f) de nuit	krem 'laila	קְרֶם לַיְלָה (ז)
de jour (adj)	yomi	יוֹמִי
de nuit (adj)	leili	לֵילִי
tampon (m)	tampon	טַמְפּוֹן (ז)
papier (m) de toilette	neyar tu'alet	נְיָיר טוּאָלֶט (ז)
sèche-cheveux (m)	meyabeʃ se'ar	מְיַבֵּשׁ שֵׂיעָר (ז)

40. Les montres. Les horloges

montre (f)	ʃe'on yad	שְׁעוֹן יָד (ז)
cadran (m)	'luaχ ʃa'on	לוּחַ שָׁעוֹן (ז)
aiguille (f)	maχog	מָחוֹג (ז)
bracelet (m)	tsamid	צָמִיד (ז)
bracelet (m) (en cuir)	retsu'a leʃa'on	רְצוּעָה לְשָׁעוֹן (נ)
pile (f)	solela	סוֹלְלָה (נ)
être déchargé	lehitroken	לְהִתְרוֹקֵן
changer de pile	lehaχlif	לְהַחְלִיף
avancer (vi)	lemaher	לְמַהֵר
retarder (vi)	lefager	לְפַגֵּר
pendule (f)	ʃe'on kir	שְׁעוֹן קִיר (ז)
sablier (m)	ʃe'on χol	שְׁעוֹן חוֹל (ז)
cadran (m) solaire	ʃe'on 'ʃemeʃ	שְׁעוֹן שֶׁמֶשׁ (ז)

réveil (m)	ʃa'on me'orer	שָׁעוֹן מְעוֹרֵר (ז)
horloger (m)	ʃa'an	שָׁעָן (ז)
réparer (vt)	letaken	לְתַקֵּן

L'EXPÉRIENCE QUOTIDIENNE

T&P Books Publishing

41. L'argent

argent (m)	'kesef	כֶּסֶף (ז)
échange (m)	hamara	הֲמָרָה (נ)
cours (m) de change	ʃaʿar χalifin	שַׁעַר חֲלִיפִין (ז)
distributeur (m)	kaspomat	כַּספּוֹמָט (ז)
monnaie (f)	matʿbeʿa	מַטבֵּעַ (ז)
dollar (m)	'dolar	דוֹלָר (ז)
euro (m)	'eiro	אֵירוֹ (ז)
lire (f)	'lira	לִירָה (נ)
mark (m) allemand	mark germani	מַרק גֶּרמָנִי (ז)
franc (m)	frank	פרַנק (ז)
livre sterling (f)	'lira 'sterling	לִירָה שׁטֶרלִינג (נ)
yen (m)	yen	יֶן (ז)
dette (f)	χov	חוֹב (ז)
débiteur (m)	'baʿal χov	בַּעַל חוֹב (ז)
prêter (vt)	lehalvot	לְהַלווֹת
emprunter (vt)	lilvot	לִלווֹת
banque (f)	bank	בַּנק (ז)
compte (m)	χeʃbon	חֶשׁבּוֹן (ז)
verser (dans le compte)	lehafkid	לְהַפקִיד
verser dans le compte	lehafkid leχeʃbon	לְהַפקִיד לְחֶשׁבּוֹן
retirer du compte	limʃoχ meχeʃbon	לִמשׁוֹך מֵחֶשׁבּוֹן
carte (f) de crédit	kartis aʃrai	כַּרטִיס אַשׁרַאי (ז)
espèces (f pl)	mezuman	מְזוּמָן
chèque (m)	tʃek	צֶ'ק (ז)
faire un chèque	liχtov tʃek	לִכתוֹב צֶ'ק
chéquier (m)	pinkas 'tʃekim	פִּנקָס צֶ'קִים (ז)
portefeuille (m)	arnak	אַרנָק (ז)
bourse (f)	arnak lematbeʿot	אַרנָק לְמַטבְּעוֹת (ז)
coffre fort (m)	ka'sefet	כַּסֶפֶת (נ)
héritier (m)	yoreʃ	יוֹרֵשׁ (ז)
héritage (m)	yeruʃa	יְרוּשָׁה (נ)
fortune (f)	'oʃer	עוֹשֶׁר (ז)
location (f)	χoze sχirut	חוֹזֶה שׂכִירוּת (ז)
loyer (m) (argent)	sχar dira	שׂכַר דִּירָה (ז)
louer (prendre en location)	liskor	לִשׂכּוֹר
prix (m)	meχir	מְחִיר (ז)

coût (m)	alut	עָלוּת (נ)
somme (f)	sχum	סכּוּם (ז)
dépenser (vt)	lehotsi	לְהוֹצִיא
dépenses (f pl)	hotsa'ot	הוֹצָאוֹת (נ״ר)
économiser (vt)	laχasoχ	לַחֲסוֹך
économe (adj)	χesχoni	חָסכוֹנִי
payer (régler)	leʃalem	לְשַלֵם
paiement (m)	taʃlum	תַשלוּם (ז)
monnaie (f) (rendre la ~)	'odef	עוֹדֶף (ז)
impôt (m)	mas	מַס (ז)
amende (f)	knas	קנָס (ז)
mettre une amende	liknos	לִקנוֹס

42. La poste. Les services postaux

poste (f)	'do'ar	דוֹאַר (ז)
courrier (m) (lettres, etc.)	'do'ar	דוֹאַר (ז)
facteur (m)	davar	דַוָור (ז)
heures (f pl) d'ouverture	ʃa'ot avoda	שָעוֹת עֲבוֹדָה (נ״ר)
lettre (f)	miχtav	מִכתָב (ז)
recommandé (m)	miχtav raʃum	מִכתָב רָשוּם (ז)
carte (f) postale	gluya	גלוּיָה (נ)
télégramme (m)	mivrak	מִברָק (ז)
colis (m)	χavila	חֲבִילָה (נ)
mandat (m) postal	ha'avarat ksafim	הַעֲבָרַת כּסָפִים (נ)
recevoir (vt)	lekabel	לְקַבֵּל
envoyer (vt)	liʃ'loaχ	לשלוֹחַ
envoi (m)	ʃliχa	שלִיחָה (נ)
adresse (f)	'ktovet	כּתוֹבֶת (נ)
code (m) postal	mikud	מִיקוּד (ז)
expéditeur (m)	ʃo'leaχ	שוֹלֵחַ (ז)
destinataire (m)	nim'an	נִמעָן (ז)
prénom (m)	ʃem prati	שֵם פּרָטִי (ז)
nom (m) de famille	ʃem miʃpaχa	שֵם מִשפָּחָה (ז)
tarif (m)	ta'arif	תַעֲרִיף (ז)
normal (adj)	ragil	רָגִיל
économique (adj)	χesχoni	חָסכוֹנִי
poids (m)	miʃkal	מִשקָל (ז)
peser (~ les lettres)	liʃkol	לשקוֹל
enveloppe (f)	ma'atafa	מַעֲטָפָה (נ)
timbre (m)	bul 'do'ar	בּוּל דוֹאַר (ז)
timbrer (vt)	lehadbik bul	לְהַדבִּיק בּוּל

43. Les opérations bancaires

banque (f)	bank	בַּנק (ז)
agence (f) bancaire	snif	סְנִיף (ז)
conseiller (m)	yo'ets	יוֹעֵץ (ז)
gérant (m)	menahel	מְנָהֵל (ז)
compte (m)	xeʃbon	חֶשְׁבּוֹן (ז)
numéro (m) du compte	mispar xeʃbon	מִסְפַּר חֶשְׁבּוֹן (ז)
compte (m) courant	xeʃbon over vaʃav	חֶשְׁבּוֹן עוֹבֵר וָשָׁב (ז)
compte (m) sur livret	xeʃbon xisaxon	חֶשְׁבּוֹן חִסָּכוֹן (ז)
ouvrir un compte	lif'toax xeʃbon	לִפְתּוֹחַ חֶשְׁבּוֹן
clôturer le compte	lisgor xeʃbon	לִסְגוֹר חֶשְׁבּוֹן
verser dans le compte	lehafkid lexeʃbon	לְהַפְקִיד לְחֶשְׁבּוֹן
retirer du compte	limʃox mexeʃbon	לִמְשׁוֹךְ מֵחֶשְׁבּוֹן
dépôt (m)	pikadon	פִּיקָדוֹן (ז)
faire un dépôt	lehafkid	לְהַפְקִיד
virement (m) bancaire	ha'avara banka'it	הַעֲבָרָה בַּנְקָאִית (נ)
faire un transfert	leha'avir 'kesef	לְהַעֲבִיר כֶּסֶף
somme (f)	sxum	סְכוּם (ז)
Combien?	'kama?	כַּמָה?
signature (f)	xatima	חֲתִימָה (נ)
signer (vt)	laxtom	לַחְתּוֹם
carte (f) de crédit	kartis aʃrai	כַּרְטִיס אַשְׁרַאי (ז)
code (m)	kod	קוֹד (ז)
numéro (m) de carte de crédit	mispar kartis aʃrai	מִסְפַּר כַּרְטִיס אַשְׁרַאי (ז)
distributeur (m)	kaspomat	כַּסְפּוֹמָט (ז)
chèque (m)	tʃek	צֶ'ק (ז)
faire un chèque	lixtov tʃek	לִכְתּוֹב צֶ'ק
chéquier (m)	pinkas 'tʃekim	פִּנְקָס צֶ'קִים (ז)
crédit (m)	halva'a	הַלְוָאָה (נ)
demander un crédit	levakeʃ halva'a	לְבַקֵּשׁ הַלְוָאָה
prendre un crédit	lekabel halva'a	לְקַבֵּל הַלְוָאָה
accorder un crédit	lehalvot	לְהַלְווֹת
gage (m)	arvut	עַרבוּת (נ)

44. Le téléphone. La conversation téléphonique

téléphone (m)	'telefon	טֶלֶפוֹן (ז)
portable (m)	'telefon nayad	טֶלֶפוֹן נַיָּיד (ז)

répondeur (m)	meʃivon	מְשִׁיבוֹן (ז)
téléphoner, appeler	letsaltsel	לְצַלְצֵל
appel (m)	siχat 'telefon	שִׂיחַת טֶלֶפוֹן (נ)
composer le numéro	leχayeg mispar	לְחַיֵּג מִסְפָּר
Allô!	'halo!	הָלוֹ!
demander (~ l'heure)	liʃol	לִשְׁאוֹל
répondre (vi, vt)	la'anot	לַעֲנוֹת
entendre (bruit, etc.)	liʃ'mo'a	לִשְׁמוֹעַ
bien (adv)	tov	טוֹב
mal (adv)	lo tov	לֹא טוֹב
bruits (m pl)	hafra'ot	הַפְרָעוֹת (נ"ר)
récepteur (m)	ʃfo'feret	שְׁפוֹפֶרֶת (נ)
décrocher (vt)	leharim ʃfo'feret	לְהָרִים שְׁפוֹפֶרֶת
raccrocher (vi)	leha'niaχ ʃfo'feret	לְהָנִיחַ שְׁפוֹפֶרֶת
occupé (adj)	tafus	תָּפוּס
sonner (vi)	letsaltsel	לְצַלְצֵל
carnet (m) de téléphone	'sefer tele'fonim	סֵפֶר טֶלֶפוֹנִים (ז)
local (adj)	mekomi	מְקוֹמִי
appel (m) local	siχa mekomit	שִׂיחָה מְקוֹמִית (נ)
interurbain (adj)	bein ironi	בֵּין עִירוֹנִי
appel (m) interurbain	siχa bein ironit	שִׂיחָה בֵּין עִירוֹנִית (נ)
international (adj)	benle'umi	בֵּינְלְאוּמִי
appel (m) international	siχa benle'umit	שִׂיחָה בֵּינְלְאוּמִית (נ)

45. Le téléphone portable

portable (m)	'telefon nayad	טֶלֶפוֹן נַיָּד (ז)
écran (m)	masaχ	מָסָךְ (ז)
bouton (m)	kaftor	כַּפְתּוֹר (ז)
carte SIM (f)	kartis sim	כַּרְטִיס סִים (ז)
pile (f)	solela	סוֹלְלָה (נ)
être déchargé	lehitroken	לְהִתְרוֹקֵן
chargeur (m)	mit'an	מִטְעָן (ז)
menu (m)	tafrit	תַּפְרִיט (ז)
réglages (m pl)	hagdarot	הַגְדָּרוֹת (נ"ר)
mélodie (f)	mangina	מַנְגִּינָה (נ)
sélectionner (vt)	livχor	לִבְחוֹר
calculatrice (f)	maχʃevon	מַחְשְׁבוֹן (ז)
répondeur (m)	ta koli	תָּא קוֹלִי (ז)
réveil (m)	ʃa'on me'orer	שָׁעוֹן מְעוֹרֵר (ז)
contacts (m pl)	anʃei 'keʃer	אַנְשֵׁי קֶשֶׁר (ז"ר)
SMS (m)	misron	מִסְרוֹן (ז)
abonné (m)	manui	מָנוּי (ז)

46. La papeterie

stylo (m) à bille	et kaduri	עֵט כַּדּוּרִי (ז)
stylo (m) à plume	et no've'a	עֵט נוֹבֵעַ (ז)
crayon (m)	iparon	עִיפָּרוֹן (ז)
marqueur (m)	'marker	מַרקֵר (ז)
feutre (m)	tuʃ	טוּש (ז)
bloc-notes (m)	pinkas	פִּנקָס (ז)
agenda (m)	yoman	יוֹמָן (ז)
règle (f)	sargel	סַרגֵל (ז)
calculatrice (f)	maxʃevon	מַחשְבוֹן (ז)
gomme (f)	'maxak	מַחַק (ז)
punaise (f)	'na'ats	נַעַץ (ז)
trombone (m)	mehadek	מְהַדֵּק (ז)
colle (f)	'devek	דֶבֶק (ז)
agrafeuse (f)	ʃadxan	שַדּכָן (ז)
perforateur (m)	menakev	מְנַקֵב (ז)
taille-crayon (m)	maxded	מַחדֵד (ז)

47. Les langues étrangères

langue (f)	safa	שָׂפָה (נ)
étranger (adj)	zar	זָר
langue (f) étrangère	safa zara	שָׂפָה זָרָה (נ)
étudier (vt)	lilmod	לִלמוֹד
apprendre (~ l'arabe)	lilmod	לִלמוֹד
lire (vi, vt)	likro	לִקרוֹא
parler (vi, vt)	ledaber	לְדַבֵּר
comprendre (vt)	lehavin	לְהָבִין
écrire (vt)	lixtov	לִכתוֹב
vite (adv)	maher	מַהֵר
lentement (adv)	le'at	לְאַט
couramment (adv)	xofʃi	חוֹפשִי
règles (f pl)	klalim	כְּלָלִים (ז״ר)
grammaire (f)	dikduk	דִקדוּק (ז)
vocabulaire (m)	otsar milim	אוֹצַר מִילִים (ז)
phonétique (f)	torat ha'hege	תוֹרַת הַהֶגֶה (נ)
manuel (m)	'sefer limud	סֵפֶר לִימוּד (ז)
dictionnaire (m)	milon	מִילוֹן (ז)
manuel (m) autodidacte	'sefer lelimud atsmi	סֵפֶר לְלִימוּד עַצמִי (ז)
guide (m) de conversation	sixon	שִׂיחוֹן (ז)

cassette (f)	ka'letet	קַלֶטֶת (נ)
cassette (f) vidéo	ka'letet 'vide'o	קַלֶטֶת וִידֵיאוֹ (נ)
CD (m)	taklitor	תַקְלִיטוֹר (ז)
DVD (m)	di vi di	דִי. וִי. דִי. (ז)
alphabet (m)	alefbeit	אָלֶפְבֵּית (ז)
épeler (vt)	le'ayet	לְאַיֵת
prononciation (f)	hagiya	הֲגִיָיה (נ)
accent (m)	mivta	מִבְטָא (ז)
avec un accent	im mivta	עִם מִבְטָא
sans accent	bli mivta	בְּלִי מִבְטָא
mot (m)	mila	מִילָה (נ)
sens (m)	maʃmaʿut	מַשְׁמָעוּת (נ)
cours (m pl)	kurs	קוּרס (ז)
s'inscrire (vp)	leheraʃem lekurs	לְהֵירָשֵׁם לְקוּרס
professeur (m) (~ d'anglais)	more	מוֹרֶה (ז)
traduction (f) (action)	tirgum	תַרְגוּם (ז)
traduction (f) (texte)	tirgum	תַרְגוּם (ז)
traducteur (m)	metargem	מְתַרְגֵם (ז)
interprète (m)	meturgeman	מְתוּרגְמָן (ז)
polyglotte (m)	poliglot	פּוֹלִיגְלוֹט (ז)
mémoire (f)	zikaron	זִיכָּרוֹן (ז)

LES REPAS.
LE RESTAURANT

T&P Books Publishing

48. Le dressage de la table

cuillère (f)	kaf	כַּף (ז)
couteau (m)	sakin	סַכִּין (ז, נ)
fourchette (f)	mazleg	מַזְלֵג (ז)

tasse (f)	'sefel	סֵפֶל (ז)
assiette (f)	tsa'laχat	צַלַּחַת (נ)
soucoupe (f)	taχtit	תַּחְתִּית (נ)
serviette (f)	mapit	מַפִּית (נ)
cure-dent (m)	keisam ʃi'nayim	קֵיסָם שִׁינַיִם (ז)

49. Le restaurant

restaurant (m)	mis'ada	מִסְעָדָה (נ)
salon (m) de café	beit kafe	בֵּית קָפֶה (ז)
bar (m)	bar, pab	בָּר, פָּאב (ז)
salon (m) de thé	beit te	בֵּית תֶּה (ז)

serveur (m)	meltsar	מֶלְצָר (ז)
serveuse (f)	meltsarit	מֶלְצָרִית (נ)
barman (m)	'barmen	בַּרְמֶן (ז)
carte (f)	tafrit	תַּפְרִיט (ז)
carte (f) des vins	reʃimat yeynot	רְשִׁימַת יֵינוֹת (נ)
réserver une table	lehazmin ʃulχan	לְהַזְמִין שׁוּלְחָן
plat (m)	mana	מָנָה (נ)
commander (vt)	lehazmin	לְהַזְמִין
faire la commande	lehazmin	לְהַזְמִין

apéritif (m)	maʃke meta'aven	מַשְׁקֶה מְתַאֲבֵן (ז)
hors-d'œuvre (m)	meta'aven	מְתַאֲבֵן (ז)
dessert (m)	ki'nuaχ	קִינוּחַ (ז)

addition (f)	χeʃbon	חֶשְׁבּוֹן (ז)
régler l'addition	leʃalem	לְשַׁלֵּם
rendre la monnaie	latet 'odef	לָתֵת עוֹדֶף
pourboire (m)	tip	טִיפּ (ז)

50. Les repas

nourriture (f)	'oχel	אוֹכֶל (ז)
manger (vi, vt)	le'eχol	לָאֱכוֹל

petit déjeuner (m)	aruχat 'boker	אֲרוּחַת בּוֹקֶר (נ)
prendre le petit déjeuner	le'eχol aruχat 'boker	לֶאֱכוֹל אֲרוּחַת בּוֹקֶר
déjeuner (m)	aruχat tsaha'rayim	אֲרוּחַת צָהֳרַיִם (נ)
déjeuner (vi)	le'eχol aruχat tsaha'rayim	לֶאֱכוֹל אֲרוּחַת צָהֳרַיִם
dîner (m)	aruχat 'erev	אֲרוּחַת עֶרֶב (נ)
dîner (vi)	le'eχol aruχat 'erev	לֶאֱכוֹל אֲרוּחַת עֶרֶב

| appétit (m) | te'avon | תֵּיאָבוֹן (ז) |
| Bon appétit! | betei'avon! | בְּתֵיאָבוֹן! |

ouvrir (vt)	lif'toaχ	לפתוֹחַ
renverser (liquide)	liʃpoχ	לשפּוֹך
se renverser (liquide)	lehiʃapeχ	לְהִישָׁפֵּך

bouillir (vi)	lir'toaχ	לרתוֹחַ
faire bouillir	lehar'tiaχ	לְהַרתִּיחַ
bouilli (l'eau ~e)	ra'tuaχ	רָתוּחַ
refroidir (vt)	lekarer	לְקָרֵר
se refroidir (vp)	lehitkarer	לְהִתקָרֵר

| goût (m) | 'taʿam | טַעַם (ז) |
| arrière-goût (m) | 'taʿam levai | טַעַם לְוַואי (ז) |

suivre un régime	lirzot	לרזוֹת
régime (m)	di''eta	דִיאֶטָה (נ)
vitamine (f)	vitamin	וִיטָמִין (ז)
calorie (f)	ka'lorya	קָלוֹריָה (נ)
végétarien (m)	tsimχoni	צִמחוֹנִי (ז)
végétarien (adj)	tsimχoni	צִמחוֹנִי

lipides (m pl)	ʃumanim	שׁוּמָנִים (ז"ר)
protéines (f pl)	χelbonim	חֶלבּוֹנִים (ז"ר)
glucides (m pl)	paχmema	פַּחמֵימָה (נ)
tranche (f)	prusa	פְּרוּסָה (נ)
morceau (m)	χatiχa	חֲתִיכָה (נ)
miette (f)	perur	פֵּירוּר (ז)

51. Les plats cuisinés

plat (m)	mana	מָנָה (נ)
cuisine (f)	mitbaχ	מִטבָּח (ז)
recette (f)	matkon	מַתכּוֹן (ז)
portion (f)	mana	מָנָה (נ)

| salade (f) | salat | סָלָט (ז) |
| soupe (f) | marak | סָרָק (ז) |

bouillon (m)	marak tsaχ, tsir	סָרָק צַח, צִיר (ז)
sandwich (m)	kariχ	כָּרִיך (ז)
les œufs brouillés	beitsat ain	בֵּיצַת עָיִן (נ)

hamburger (m)	'hamburger	הַמְבּוּרְגֶר (ז)
steak (m)	umtsa, steik	אוּמְצָה (נ), סְטֵייק (ז)
garniture (f)	to'sefet	תּוֹסֶפֶת (נ)
spaghettis (m pl)	spa'geti	סְפָּגֶטִי (ז)
purée (f)	meχit tapuχei adama	מְחִית תַּפּוּחֵי אֲדָמָה (נ)
pizza (f)	'pitsa	פִּיצָה (נ)
bouillie (f)	daysa	דַּייסָה (נ)
omelette (f)	χavita	חֲבִיתָה (נ)
cuit à l'eau (adj)	mevuʃal	מְבוּשָׁל
fumé (adj)	me'uʃan	מְעוּשָׁן
frit (adj)	metugan	מְטוּגָּן
sec (adj)	meyubaʃ	מְיוּבָּשׁ
congelé (adj)	kafu	קָפוּא
mariné (adj)	kavuʃ	כָּבוּשׁ
sucré (adj)	matok	מָתוֹק
salé (adj)	ma'luaχ	מָלוּחַ
froid (adj)	kar	קַר
chaud (adj)	χam	חַם
amer (adj)	marir	מָרִיר
bon (savoureux)	ta'im	טָעִים
cuire à l'eau	levaʃel be'mayim rotχim	לְבַשֵׁל בְּמַיִם רוֹתְחִים
préparer (le dîner)	levaʃel	לְבַשֵׁל
faire frire	letagen	לְטַגֵּן
réchauffer (vt)	leχamem	לְחַמֵּם
saler (vt)	leham'liaχ	לְהַמְלִיחַ
poivrer (vt)	lefalpel	לְפַלְפֵּל
râper (vt)	lerasek	לְרַסֵק
peau (f)	klipa	קְלִיפָּה (נ)
éplucher (vt)	lekalef	לְקַלֵף

52. Les aliments

viande (f)	basar	בָּשָׂר (ז)
poulet (m)	of	עוֹף (ז)
poulet (m) (poussin)	pargit	פַּרְגִּית (נ)
canard (m)	barvaz	בַּרְווָז (ז)
oie (f)	avaz	אֲווָז (ז)
gibier (m)	'tsayid	צַיִד (ז)
dinde (f)	'hodu	הוֹדוּ (ז)
du porc	basar χazir	בָּשָׂר חֲזִיר (ז)
du veau	basar 'egel	בָּשָׂר עֵגֶל (ז)
du mouton	basar 'keves	בָּשָׂר כֶּבֶשׂ (ז)
du bœuf	bakar	בָּקָר (ז)
lapin (m)	arnav	אַרְנָב (ז)

saucisson (m)	naknik	נַקְנִיק (ז)
saucisse (f)	naknikiya	נַקְנִיקִיָּה (נ)
bacon (m)	'kotel χazir	קוֹתֶל חֲזִיר (ז)
jambon (m)	basar χazir me'uʃan	בָּשָׂר חֲזִיר מְעוּשָׁן (ז)
cuisse (f)	'kotel χazir me'uʃan	קוֹתֶל חֲזִיר מְעוּשָׁן (ז)
pâté (m)	pate	פָּטֶה (ז)
foie (m)	kaved	כָּבֵד (ז)
farce (f)	basar taχun	בָּשָׂר טָחוּן (ז)
langue (f)	laʃon	לָשׁוֹן (נ)
œuf (m)	beitsa	בֵּיצָה (נ)
les œufs	beitsim	בֵּיצִים (נ״ר)
blanc (m) d'œuf	χelbon	חֶלְבּוֹן (ז)
jaune (m) d'œuf	χelmon	חֶלְמוֹן (ז)
poisson (m)	dag	דָּג (ז)
fruits (m pl) de mer	perot yam	פֵּירוֹת יָם (ז״ר)
crustacés (m pl)	sartana'im	סַרְטָנָאִים (ז״ר)
caviar (m)	kavyar	קָוְויָאר (ז)
crabe (m)	sartan yam	סַרְטָן יָם (ז)
crevette (f)	ʃrimps	שְׁרִימְפְּס (ז״ר)
huître (f)	tsidpat ma'aχal	צִדְפַּת מַאֲכָל (נ)
langoustine (f)	'lobster kotsani	לוֹבְּסְטֶר קוֹצָנִי (ז)
poulpe (m)	tamnun	תַּמְנוּן (ז)
calamar (m)	kala'mari	קָלָמָארִי (ז)
esturgeon (m)	basar haχidkan	בָּשָׂר הַחִדְקָן (ז)
saumon (m)	'salmon	סַלְמוֹן (ז)
flétan (m)	putit	פּוּטִית (נ)
morue (f)	ʃibut	שִׁיבּוּט (ז)
maquereau (m)	kolyas	קוֹלְיָאס (ז)
thon (m)	'tuna	טוּנָה (נ)
anguille (f)	tslofaχ	צְלוֹפָח (ז)
truite (f)	forel	פוֹרֶל (ז)
sardine (f)	sardin	סַרְדִּין (ז)
brochet (m)	ze'ev 'mayim	זְאָב מַיִם (ז)
hareng (m)	ma'liaχ	מָלִיחַ (ז)
pain (m)	'leχem	לֶחֶם (ז)
fromage (m)	gvina	גְּבִינָה (נ)
sucre (m)	sukar	סוּכָּר (ז)
sel (m)	'melaχ	מֶלַח (ז)
riz (m)	'orez	אוֹרֶז (ז)
pâtes (m pl)	'pasta	פַּסְטָה (נ)
nouilles (f pl)	irtiyot	אִטְרִיּוֹת (נ״ר)
beurre (m)	χem'a	חֶמְאָה (נ)
huile (f) végétale	'ʃemen tsimχi	שֶׁמֶן צָמְחִי (ז)

huile (f) de tournesol	ʃemen χamaniyot	שֶׁמֶן חַמָנִיּוֹת (ז)
margarine (f)	marga'rina	מַרְגָרִינָה (נ)
olives (f pl)	zeitim	זֵיתִים (ז״ר)
huile (f) d'olive	ʃemen 'zayit	שֶׁמֶן זַיִת (ז)
lait (m)	χalav	חָלָב (ז)
lait (m) condensé	χalav merukaz	חָלָב מְרוּכָּז (ז)
yogourt (m)	'yogurt	יוֹגוּרט (ז)
crème (f) aigre	ʃa'menet	שַׁמֶּנֶת (נ)
crème (f) (de lait)	ʃa'menet	שַׁמֶּנֶת (נ)
sauce (f) mayonnaise	mayonez	מָיוֹנֵז (ז)
crème (f) au beurre	ka'tsefet χem'a	קַצֶּפֶת חֶמְאָה (נ)
gruau (m)	grisim	גְרִיסִים (ז״ר)
farine (f)	'kemaχ	קֶמַח (ז)
conserves (f pl)	ʃimurim	שִׁימוּרִים (ז״ר)
pétales (m pl) de maïs	ptitei 'tiras	פְּתִיתֵי תִּירָס (ז״ר)
miel (m)	dvaʃ	דְבַשׁ (ז)
confiture (f)	riba	רִיבָּה (נ)
gomme (f) à mâcher	'mastik	מַסטִיק (ז)

53. Les boissons

eau (f)	'mayim	מַיִם (ז״ר)
eau (f) potable	mei ʃtiya	מֵי שתִייָה (ז״ר)
eau (f) minérale	'mayim mine'raliyim	מַיִם מִינֵרָלִיִּים (ז״ר)
plate (adj)	lo mugaz	לֹא מוּגָז
gazeuse (l'eau ~)	mugaz	מוּגָז
pétillante (adj)	mugaz	מוּגָז
glace (f)	'keraχ	קֶרַח (ז)
avec de la glace	im 'keraχ	עִם קֶרַח
sans alcool	natul alkohol	נָטוּל אַלכּוֹהוֹל
boisson (f) non alcoolisée	maʃke kal	מַשׁקֶה קַל (ז)
rafraîchissement (m)	maʃke mera'anen	מַשׁקֶה מְרַעֲנֵן (ז)
limonade (f)	limo'nada	לִימוֹנָדָה (נ)
boissons (f pl) alcoolisées	maʃka'ot χarifim	מַשׁקָאוֹת חָרִיפִים (ז״ר)
vin (m)	'yayin	יַיִן (ז)
vin (m) blanc	'yayin lavan	יַיִן לָבָן (ז)
vin (m) rouge	'yayin adom	יַיִן אָדֹם (ז)
liqueur (f)	liker	לִיקֶר (ז)
champagne (m)	ʃam'panya	שַׁמפַּנְיָה (נ)
vermouth (m)	'vermut	וֶרמוּט (ז)
whisky (m)	'viski	וִיסקִי (ז)

vodka (f)	'vodka	וֹדְקָה (נ)
gin (m)	dʒin	גִ'ין (ז)
cognac (m)	'konyak	קוֹנְיָאק (ז)
rhum (m)	rom	רוֹם (ז)
café (m)	kafe	קָפֶּה (ז)
café (m) noir	kafe ʃaxor	קָפֶּה שָׁחוֹר (ז)
café (m) au lait	kafe hafux	קָפֶּה הָפוּךְ (ז)
cappuccino (m)	kapu'tʃino	קָפּוּצִ'ינוֹ (ז)
café (m) soluble	kafe names	קָפֶּה נָמֵס (ז)
lait (m)	xalav	חָלָב (ז)
cocktail (m)	kokteil	קוֹקְטֵיל (ז)
cocktail (m) au lait	'milkʃeik	מִילְקְשֵׁייק (ז)
jus (m)	mits	מִיץ (ז)
jus (m) de tomate	mits agvaniyot	מִיץ עַגְבָנִיּוֹת (ז)
jus (m) d'orange	mits tapuzim	מִיץ תַּפּוּזִים (ז)
jus (m) pressé	mits saxut	מִיץ סָחוּט (ז)
bière (f)	'bira	בִּירָה (נ)
bière (f) blonde	'bira bahira	בִּירָה בָּהִירָה (נ)
bière (f) brune	'bira keha	בִּירָה כֵּהָה (נ)
thé (m)	te	תֵה (ז)
thé (m) noir	te ʃaxor	תֵה שָׁחוֹר (ז)
thé (m) vert	te yarok	תֵה יָרוֹק (ז)

54. Les légumes

légumes (m pl)	yerakot	יְרָקוֹת (ז״ר)
verdure (f)	'yerek	יֶרֶק (ז)
tomate (f)	agvaniya	עַגְבָנִיָּה (נ)
concombre (m)	melafefon	מְלָפְפוֹן (ז)
carotte (f)	'gezer	גֶּזֶר (ז)
pomme (f) de terre	ta'puax adama	תַּפּוּחַ אֲדָמָה (ז)
oignon (m)	batsal	בָּצָל (ז)
ail (m)	ʃum	שׁוּם (ז)
chou (m)	kruv	כְּרוּב (ז)
chou-fleur (m)	kruvit	כְּרוּבִית (נ)
chou (m) de Bruxelles	kruv nitsanim	כְּרוּב נְצָנִים (ז)
brocoli (m)	'brokoli	בְּרוֹקוֹלִי (ז)
betterave (f)	'selek	סֶלֶק (ז)
aubergine (f)	xatsil	חָצִיל (ז)
courgette (f)	kiʃu	קִישׁוּא (ז)
potiron (m)	'dlaʿat	דְלַעַת (נ)
navet (m)	'lefet	לֶפֶת (נ)

151

persil (m)	petro'zilya	פֶּטְרוֹזִילְיָה (נ)
fenouil (m)	ʃamir	שָׁמִיר (ז)
laitue (f) (salade)	'χasa	חַסָּה (נ)
céleri (m)	'seleri	סֶלֶרִי (ז)
asperge (f)	aspa'ragos	אַסְפָּרָגוֹס (ז)
épinard (m)	'tered	תֶּרֶד (ז)
pois (m)	afuna	אֲפוּנָה (נ)
fèves (f pl)	pol	פּוֹל (ז)
maïs (m)	'tiras	תִּירָס (ז)
haricot (m)	ʃu'it	שְׁעוּעִית (נ)
poivron (m)	'pilpel	פִּלְפֵּל (ז)
radis (m)	tsnonit	צְנוֹנִית (נ)
artichaut (m)	artiʃok	אַרְטִישׁוֹק (ז)

55. Les fruits. Les noix

fruit (m)	pri	פְּרִי (ז)
pomme (f)	ta'puaχ	תַּפּוּחַ (ז)
poire (f)	agas	אַגָּס (ז)
citron (m)	limon	לִימוֹן (ז)
orange (f)	tapuz	תַּפּוּז (ז)
fraise (f)	tut sade	תּוּת שָׂדֶה (ז)
mandarine (f)	klemen'tina	קְלֶמֶנְטִינָה (נ)
prune (f)	ʃezif	שְׁזִיף (ז)
pêche (f)	afarsek	אֲפַרְסֵק (ז)
abricot (m)	'miʃmeʃ	מִשְׁמֵשׁ (ז)
framboise (f)	'petel	פֶּטֶל (ז)
ananas (m)	'ananas	אֲנָנָס (ז)
banane (f)	ba'nana	בָּנָנָה (נ)
pastèque (f)	ava'tiaχ	אֲבַטִּיחַ (ז)
raisin (m)	anavim	עֲנָבִים (ז"ר)
cerise (f)	duvdevan	דּוּבְדְּבָן (ז)
merise (f)	gudgedan	גּוּדְגְּדָן (ז)
melon (m)	melon	מֶלוֹן (ז)
pamplemousse (m)	eʃkolit	אֶשְׁכּוֹלִית (נ)
avocat (m)	avo'kado	אָבוֹקָדוֹ (ז)
papaye (f)	pa'paya	פַּפָּאיָה (נ)
mangue (f)	'mango	מַנְגּוֹ (ז)
grenade (f)	rimon	רִימוֹן (ז)
groseille (f) rouge	dumdemanit aduma	דֻּמְדְּמָנִית אֲדֻמָּה (נ)
cassis (m)	dumdemanit ʃχora	דֻּמְדְּמָנִית שְׁחוֹרָה (נ)
groseille (f) verte	χazarzar	חֲזַרְזַר (ז)
myrtille (f)	uχmanit	אוּכְמָנִית (נ)
mûre (f)	'petel ʃaχor	פֶּטֶל שָׁחוֹר (ז)

raisin (m) sec	tsimukim	צִימוּקִים (ז״ר)
figue (f)	te'ena	תְּאֵנָה (נ)
datte (f)	tamar	תָּמָר (ז)
cacahuète (f)	botnim	בּוֹטְנִים (ז״ר)
amande (f)	ʃaked	שָׁקֵד (ז)
noix (f)	egoz 'meleχ	אֱגוֹז מֶלֶךְ (ז)
noisette (f)	egoz ilsar	אֱגוֹז אִלְסָר (ז)
noix (f) de coco	'kokus	קוֹקוּס (ז)
pistaches (f pl)	'fistuk	פִּיסְטוּק (ז)

56. Le pain. Les confiseries

confiserie (f)	mutsrei kondi'torya	מוּצְרֵי קוֹנְדִיטוֹרְיָה (ז״ר)
pain (m)	'leχem	לֶחֶם (ז)
biscuit (m)	ugiya	עוּגִיָּה (נ)
chocolat (m)	'ʃokolad	שׁוֹקוֹלָד (ז)
en chocolat (adj)	mi'ʃokolad	מִשׁוֹקוֹלָד
bonbon (m)	sukariya	סוּכָּרִיָּה (נ)
gâteau (m), pâtisserie (f)	uga	עוּגָה (נ)
tarte (f)	uga	עוּגָה (נ)
gâteau (m)	pai	פַּאי (ז)
garniture (f)	milui	מִילוּי (ז)
confiture (f)	riba	רִיבָּה (נ)
marmelade (f)	marme'lada	מַרְמֶלָדָה (נ)
gaufre (f)	'vaflim	וָפְלִים (ז״ר)
glace (f)	'glida	גְּלִידָה (נ)
pudding (m)	'puding	פּוּדִינְג (ז)

57. Les épices

sel (m)	'melaχ	מֶלַח (ז)
salé (adj)	ma'luaχ	מָלוּחַ
saler (vt)	leham'liaχ	לְהַמְלִיחַ
poivre (m) noir	'pilpel ʃaχor	פִּלְפֵּל שָׁחוֹר (ז)
poivre (m) rouge	'pilpel adom	פִּלְפֵּל אָדוֹם (ז)
moutarde (f)	χardal	חַרְדָּל (ז)
raifort (m)	χa'zeret	חֲזֶרֶת (נ)
condiment (m)	'rotev	רוֹטֶב (ז)
épice (f)	tavlin	תַּבְלִין (ז)
sauce (f)	'rotev	רוֹטֶב (ז)
vinaigre (m)	'χomets	חוֹמֶץ (ז)
anis (m)	kamnon	כַּמְנוֹן (ז)

basilic (m)	reχan	רֵיחָן (ז)
clou (m) de girofle	tsi'poren	צִיפּוֹרֶן (ז)
gingembre (m)	'dʒindʒer	ג׳ינג׳ר (ז)
coriandre (m)	'kusbara	כּוּסבָּרָה (נ)
cannelle (f)	kinamon	קִינָמוֹן (ז)
sésame (m)	'ʃumʃum	שׁוּמשׁוֹם (ז)
feuille (f) de laurier	ale dafna	עָלֵה דַפנָה (ז)
paprika (m)	'paprika	פַּפרִיקָה (נ)
cumin (m)	'kimel	קִימֶל (ז)
safran (m)	ze'afran	זַעֲפרָן (ז)

LES DONNÉES PERSONNELLES. LA FAMILLE

T&P Books Publishing

prénom (m)	ʃem	שֵׁם (ז)
nom (m) de famille	ʃem miʃpaχa	שֵׁם מִשְׁפָּחָה (ז)
date (f) de naissance	ta'ariχ leda	תַּאֲרִיךְ לֵידָה (ז)
lieu (m) de naissance	mekom leda	מְקוֹם לֵידָה (ז)
nationalité (f)	le'om	לְאוֹם (ז)
domicile (m)	mekom megurim	מְקוֹם מְגוּרִים (ז)
pays (m)	medina	מְדִינָה (נ)
profession (f)	mik'tso'a	מִקְצוֹעַ (ז)
sexe (m)	min	מִין (ז)
taille (f)	'gova	גּוֹבַהּ (ז)
poids (m)	miʃkal	מִשְׁקָל (ז)

mère (f)	em	אֵם (נ)
père (m)	av	אָב (ז)
fils (m)	ben	בֵּן (ז)
fille (f)	bat	בַּת (נ)
fille (f) cadette	habat haktana	הַבַּת הַקְּטַנָּה (נ)
fils (m) cadet	haben hakatan	הַבֵּן הַקָּטָן (ז)
fille (f) aînée	habat habχora	הַבַּת הַבְּכוֹרָה (נ)
fils (m) aîné	haben habχor	הַבֵּן הַבְּכוֹר (ז)
frère (m)	aχ	אָח (ז)
frère (m) aîné	aχ gadol	אָח גָּדוֹל (ז)
frère (m) cadet	aχ katan	אָח קָטָן (ז)
sœur (f)	aχot	אָחוֹת (נ)
sœur (f) aînée	aχot gdola	אָחוֹת גְּדוֹלָה (נ)
sœur (f) cadette	aχot ktana	אָחוֹת קְטַנָּה (נ)
cousin (m)	ben dod	בֶּן דּוֹד (ז)
cousine (f)	bat 'doda	בַּת דּוֹדָה (נ)
maman (f)	'ima	אִמָּא (נ)
papa (m)	'aba	אַבָּא (ז)
parents (m pl)	horim	הוֹרִים (ז״ר)
enfant (m, f)	'yeled	יֶלֶד (ז)
enfants (pl)	yeladim	יְלָדִים (ז״ר)
grand-mère (f)	'savta	סַבְתָּא (נ)
grand-père (m)	'saba	סַבָּא (ז)

petit-fils (m)	'neχed	נֶכֶד (ז)
petite-fille (f)	neχda	נֶבְדָה (נ)
petits-enfants (pl)	neχadim	נְכָדִים (ז״ר)
oncle (m)	dod	דּוֹד (ז)
tante (f)	'doda	דּוֹדָה (נ)
neveu (m)	aχyan	אַחְיָן (ז)
nièce (f)	aχyanit	אַחְיָנִית (נ)
belle-mère (f)	χamot	חָמוֹת (נ)
beau-père (m)	χam	חָם (ז)
gendre (m)	χatan	חָתָן (ז)
belle-mère (f)	em χoreget	אֵם חוֹרֶגֶת (נ)
beau-père (m)	av χoreg	אָב חוֹרֵג (ז)
nourrisson (m)	tinok	תִּינוֹק (ז)
bébé (m)	tinok	תִּינוֹק (ז)
petit (m)	pa'ot	פָּעוֹט (ז)
femme (f)	iʃa	אִשָׁה (נ)
mari (m)	'ba'al	בַּעַל (ז)
époux (m)	ben zug	בֶּן זוּג (ז)
épouse (f)	bat zug	בַּת זוּג (נ)
marié (adj)	nasui	נָשׂוּי
mariée (adj)	nesu'a	נְשׂוּאָה
célibataire (adj)	ravak	רַוָּק
célibataire (m)	ravak	רַוָּק (ז)
divorcé (adj)	garuʃ	גָּרוּשׁ
veuve (f)	almana	אַלְמָנָה (נ)
veuf (m)	alman	אַלְמָן (ז)
parent (m)	karov miʃpaχa	קָרוֹב מִשְׁפָּחָה (ז)
parent (m) proche	karov miʃpaχa	קָרוֹב מִשְׁפָּחָה (ז)
parent (m) éloigné	karov raχok	קָרוֹב רָחוֹק (ז)
parents (m pl)	krovei miʃpaχa	קְרוֹבֵי מִשְׁפָּחָה (ז״ר)
orphelin (m)	yatom	יָתוֹם (ז)
orpheline (f)	yetoma	יְתוֹמָה (נ)
tuteur (m)	apo'tropos	אַפּוֹטְרוֹפּוֹס (ז)
adopter (un garçon)	le'amets	לְאַמֵּץ
adopter (une fille)	le'amets	לְאַמֵּץ

60. Les amis. Les collègues

ami (m)	χaver	חָבֵר (ז)
amie (f)	χavera	חֲבֵרָה (נ)
amitié (f)	yedidut	יְדִידוּת (נ)
être ami	lihyot yadidim	לִהְיוֹת יָדִידִים
copain (m)	χaver	חָבֵר (ז)

copine (f)	χavera	חֲבֵרָה (נ)
partenaire (m)	ʃutaf	שׁוּתָף (ז)
chef (m)	menahel, roʃ	מְנַהֵל (ז) , רֹאשׁ (ז)
supérieur (m)	memune	מְמוּנֶה (ז)
propriétaire (m)	be'alim	בְּעָלִים (ז)
subordonné (m)	kafuf le	כָּפוּף ל (ז)
collègue (m, f)	amit	עָמִית (ז)
connaissance (f)	makar	מַכָּר (ז)
compagnon (m) de route	ben levaya	בֶּן לְוָיָה (ז)
copain (m) de classe	χaver lekita	חָבֵר לְכִּיתָה (ז)
voisin (m)	ʃaχen	שָׁכֵן (ז)
voisine (f)	ʃχena	שׁכֵנָה (נ)
voisins (m pl)	ʃχenim	שׁכֵנִים (ז״ר)

LE CORPS HUMAIN.
LES MÉDICAMENTS

T&P Books Publishing

tête (f)	roʃ	רֹאשׁ (ז)
visage (m)	panim	פָּנִים (ז״ר)
nez (m)	af	אַף (ז)
bouche (f)	pe	פֶּה (ז)
œil (m)	'ayin	עַיִן (נ)
les yeux	ei'nayim	עֵינַיִם (נ״ר)
pupille (f)	iʃon	אִישׁוֹן (ז)
sourcil (m)	gaba	גַּבָּה (נ)
cil (m)	ris	רִיס (ז)
paupière (f)	af'af	עַפְעַף (ז)
langue (f)	laʃon	לָשׁוֹן (נ)
dent (f)	ʃen	שֵׁן (נ)
lèvres (f pl)	sfa'tayim	שְׂפָתַיִם (נ״ר)
pommettes (f pl)	atsamot leχa'yayim	עַצְמוֹת לְחָיַיִם (נ״ר)
gencive (f)	χani'χayim	חֲנִיכַיִם (ז״ר)
palais (m)	χeχ	חֵךְ (ז)
narines (f pl)	neχi'rayim	נְחִירַיִם (ז״ר)
menton (m)	santer	סַנְטֵר (ז)
mâchoire (f)	'leset	לֶסֶת (נ)
joue (f)	'leχi	לֶחִי (נ)
front (m)	'metsaχ	מֵצַח (ז)
tempe (f)	raka	רַקָּה (נ)
oreille (f)	'ozen	אֹזֶן (נ)
nuque (f)	'oref	עֹרֶף (ז)
cou (m)	tsavar	צַוָּאר (ז)
gorge (f)	garon	גָּרוֹן (ז)
cheveux (m pl)	se'ar	שֵׂעָר (ז)
coiffure (f)	tis'roket	תִּסְרֹקֶת (נ)
coupe (f)	tis'poret	תִּסְפֹּרֶת (נ)
perruque (f)	pe'a	פֵּאָה (נ)
moustache (f)	safam	שָׂפָם (ז)
barbe (f)	zakan	זָקָן (ז)
porter (~ la barbe)	legadel	לְגַדֵּל
tresse (f)	tsama	צַמָּה (נ)
favoris (m pl)	pe'ot leχa'yayim	פֵּאוֹת לְחָיַיִם (נ״ר)
roux (adj)	'dʒindʒi	ג׳ינג׳י
gris, grisonnant (adj)	kasuf	כָּסוּף

| chauve (adj) | ke'reaχ | קֵירֵחַ |
| calvitie (f) | ka'raχat | קָרַחַת (נ) |

| queue (f) de cheval | 'kuku | קוּקוּ (ז) |
| frange (f) | 'poni | פּוֹנִי (ז) |

62. Le corps humain

main (f)	kaf yad	כַּף יָד (נ)
bras (m)	yad	יָד (נ)
doigt (m)	'etsba	אֶצְבַּע (נ)
orteil (m)	'bohen	בּוֹהֶן (נ)
pouce (m)	agudal	אָגוּדָל (ז)
petit doigt (m)	'zeret	זֶרֶת (נ)
ongle (m)	tsi'poren	צִיפּוֹרֶן (ז)
poing (m)	egrof	אֶגְרוֹף (ז)
paume (f)	kaf yad	כַּף יָד (נ)
poignet (m)	'ʃoreʃ kaf hayad	שׁוֹרֶשׁ כַּף הַיָד (ז)
avant-bras (m)	ama	אַמָה (ז)
coude (m)	marpek	מַרְפֵּק (ז)
épaule (f)	katef	כָּתֵף (נ)
jambe (f)	'regel	רֶגֶל (נ)
pied (m)	kaf 'regel	כַּף רֶגֶל (נ)
genou (m)	'bereχ	בֶּרֶך (נ)
mollet (m)	ʃok	שׁוֹק (ז)
hanche (f)	yareχ	יָרֵך (ז)
talon (m)	akev	עָקֵב (ז)
corps (m)	guf	גוּף (ז)
ventre (m)	'beten	בֶּטֶן (נ)
poitrine (f)	χaze	חָזֶה (ז)
sein (m)	ʃad	שַׁד (ז)
côté (m)	tsad	צַד (ז)
dos (m)	gav	גַב (ז)
reins (région lombaire)	mot'nayim	מוֹתְנַיִים (ז"ר)
taille (f) (~ de guêpe)	'talya	טַלְיָה (נ)
nombril (m)	tabur	טַבּוּר (ז)
fesses (f pl)	aχo'rayim	אֲחוֹרַיִים (ז"ר)
derrière (m)	yaʃvan	יַשְׁבָן (ז)
grain (m) de beauté	nekudat χen	נְקוּדַת חֵן (נ)
tache (f) de vin	'ketem leida	כֶּתֶם לֵידָה (ז)
tatouage (m)	kaʻaʻkuʻa	קַעֲקוּעַ (ז)
cicatrice (f)	tsa'leket	צַלֶקֶת (נ)

63. Les maladies

maladie (f)	maxala	מַחֲלָה (נ)
être malade	lihyot xole	לִהְיוֹת חוֹלֶה
santé (f)	bri'ut	בְּרִיאוּת (נ)

rhume (m) (coryza)	na'zelet	נַזֶּלֶת (נ)
angine (f)	da'leket ʃkedim	דַּלֶּקֶת שְׁקֵדִים (נ)
refroidissement (m)	hitstanenut	הִצְטַנְּנוּת (נ)
prendre froid	lehitstanen	לְהִצְטַנֵּן

bronchite (f)	bron'xitis	בְּרוֹנְכִיטִיס (ז)
pneumonie (f)	da'leket re'ot	דַּלֶּקֶת רֵיאוֹת (נ)
grippe (f)	ʃa'paʿat	שַׁפַּעַת (נ)

myope (adj)	ktsar re'iya	קְצַר רְאִיָּה
presbyte (adj)	rexok re'iya	רְחוֹק־רְאִיָּה
strabisme (m)	pzila	פְּזִילָה (נ)
strabique (adj)	pozel	פּוֹזֵל
cataracte (f)	katarakt	קָטָרַקְט (ז)
glaucome (m)	gla'u'koma	גְּלָאוּקוֹמָה (נ)

insulte (f)	ʃavats moxi	שָׁבָץ מוֹחִי (ז)
crise (f) cardiaque	hetkef lev	הֶתְקֵף לֵב (ז)
infarctus (m) de myocarde	'otem ʃrir halev	אוֹטֶם שְׁרִיר הַלֵּב (ז)
paralysie (f)	ʃituk	שִׁיתּוּק (ז)
paralyser (vt)	leʃatek	לְשַׁתֵּק

allergie (f)	a'lergya	אָלֶרְגְּיָה (נ)
asthme (m)	'astma, ka'tseret	אַסְתְּמָה, קַצֶּרֶת (נ)
diabète (m)	su'keret	סוּכֶּרֶת (נ)

mal (m) de dents	ke'ev ʃi'nayim	כְּאֵב שִׁינַיִים (ז)
carie (f)	a'ʃeʃet	עַשֶּׁשֶׁת (נ)

diarrhée (f)	ʃilʃul	שִׁלְשׁוּל (ז)
constipation (f)	atsirut	עֲצִירוּת (נ)
estomac (m) barbouillé	kilkul keiva	קִלְקוּל קֵיבָה (ז)
intoxication (f) alimentaire	har'alat mazon	הַרְעָלַת מָזוֹן (נ)
être intoxiqué	laxatof har'alat mazon	לַחֲטוֹף הַרְעָלַת מָזוֹן

arthrite (f)	da'leket mifrakim	דַּלֶּקֶת מִפְרָקִים (נ)
rachitisme (m)	ra'kexet	רַכֶּכֶת (נ)
rhumatisme (m)	ʃigaron	שִׁיגָּרוֹן (ז)
athérosclérose (f)	ar'teryo skle'rosis	אַרְטֶרְיוֹ־סְקְלֶרוֹסִיס (ז)

gastrite (f)	da'leket keiva	דַּלֶּקֶת קֵיבָה (נ)
appendicite (f)	da'leket toseftan	דַּלֶּקֶת תּוֹסֶפְתָּן (נ)
cholécystite (f)	da'leket kis hamara	דַּלֶּקֶת כִּיס הַמָּרָה (נ)
ulcère (m)	'ulkus, kiv	אוּלְקוּס, כִּיב (ז)
rougeole (f)	xa'tsevet	חַצֶּבֶת (נ)

rubéole (f)	a'demet	אַדֶּמֶת (נ)
jaunisse (f)	tsa'hevet	צַהֶבֶת (נ)
hépatite (f)	da'leket kaved	דַּלֶּקֶת כָּבֵד (נ)
schizophrénie (f)	sχizo'frenya	סְכִיזוֹפְרֶנְיָה (נ)
rage (f) (hydrophobie)	ka'levet	כַּלֶּבֶת (נ)
névrose (f)	noi'roza	נוֹירוֹזָה (נ)
commotion (f) cérébrale	za‘a'zu‘a 'moaχ	זַעֲזוּעַ מוֹחַ (ז)
cancer (m)	sartan	סַרְטָן (ז)
sclérose (f)	ta'reʃet	טָרֶשֶׁת (נ)
sclérose (f) en plaques	ta'reʃet nefotsa	טָרֶשֶׁת נְפוֹצָה (נ)
alcoolisme (m)	alkoholizm	אַלְכּוֹהוֹלִיזם (ז)
alcoolique (m)	alkoholist	אַלְכּוֹהוֹלִיסט (ז)
syphilis (f)	a'gevet	עַגֶּבֶת (נ)
SIDA (m)	eids	אֵיידס (ז)
tumeur (f)	gidul	גִּידוּל (ז)
maligne (adj)	mam'ir	מַמְאִיר
bénigne (adj)	ʃapir	שַׁפִּיר
fièvre (f)	ka'daχat	קַדַּחַת (נ)
malaria (f)	ma'larya	מָלַרְיָה (נ)
gangrène (f)	gan'grena	גַּנגְרֶנָה (נ)
mal (m) de mer	maχalat yam	מַחֲלַת יָם (נ)
épilepsie (f)	maχalat hanefila	מַחֲלַת הַנְּפִילָה (נ)
épidémie (f)	magefa	מַגֵּיפָה (נ)
typhus (m)	'tifus	טִיפוּס (ז)
tuberculose (f)	ʃa'χefet	שַׁחֶפֶת (נ)
choléra (m)	ko'lera	כּוֹלֵרָה (נ)
peste (f)	davar	דֶּבֶר (ז)

64. Les symptômes. Le traitement. Partie 1

symptôme (m)	simptom	סִימפְּטוֹם (ז)
température (f)	χom	חוֹם (ז)
fièvre (f)	χom ga'voha	חוֹם גָּבוֹהַּ (ז)
pouls (m)	'dofek	דּוֹפֶק (ז)
vertige (m)	sχar'χoret	סְחַרְחוֹרֶת (נ)
chaud (adj)	χam	חַם
frisson (m)	tsmar'moret	צְמַרְמוֹרֶת (נ)
pâle (adj)	χiver	חִיוֵר
toux (f)	ʃi‘ul	שִׁיעוּל (ז)
tousser (vi)	lehiʃta‘el	לְהִשְׁתַּעֵל
éternuer (vi)	lehit‘ateʃ	לְהִתְעַטֵּשׁ
évanouissement (m)	ilafon	עִילָפוֹן (ז)

s'évanouir (vp)	lehit'alef	לְהִתעַלֵף
bleu (m)	χabura	חַבּוּרָה (נ)
bosse (f)	blita	בּלִיטָה (נ)
se heurter (vp)	lekabel maka	לְקַבֵּל מַכָּה
meurtrissure (f)	maka	מַכָּה (נ)
se faire mal	lekabel maka	לְקַבֵּל מַכָּה

boiter (vi)	lits'lo'a	לִצלוֹעַ
foulure (f)	'neka	נֶקַע (ז)
se démettre (l'épaule, etc.)	lin'ko'a	לִנקוֹעַ
fracture (f)	'ʃever	שֶבֶר (ז)
avoir une fracture	liʃbor	לִשבּוֹר

coupure (f)	χataχ	חָתָך (ז)
se couper (~ le doigt)	lehiχateχ	לְהִיחָתֵך
hémorragie (f)	dimum	דִימוּם (ז)

brûlure (f)	kviya	כּווִייָה (נ)
se brûler (vp)	laχatof kviya	לַחֲטוֹף כּווִייָה

se piquer (le doigt)	lidkor	לִדקוֹר
se piquer (vp)	lehidaker	לְהִידָקֵר
blesser (vt)	lif'tso'a	לִפצוֹעַ
blessure (f)	ptsi'a	פּצִיעָה (נ)
plaie (f) (blessure)	'petsa	פֶּצַע (ז)
trauma (m)	'tra'uma	טרָאוּמָה (נ)

délirer (vi)	lahazot	לַהֲזוֹת
bégayer (vi)	legamgem	לְגַמגֵם
insolation (f)	makat 'ʃemeʃ	מַכַּת שֶמֶש (נ)

65. Les symptômes. Le traitement. Partie 2

douleur (f)	ke'ev	כְּאֵב (ז)
écharde (f)	kots	קוֹץ (ז)

sueur (f)	ze'a	זֵיעָה (נ)
suer (vi)	leha'zi'a	לְהַזִיעַ
vomissement (m)	haka'a	הֲקָאָה (נ)
spasmes (m pl)	pirkusim	פִּירכּוּסִים (ז"ר)

enceinte (adj)	hara	הָרָה
naître (vi)	lehivaled	לְהִיווָלֵד
accouchement (m)	leda	לֵידָה (נ)
accoucher (vi)	la'ledet	לָלֶדֶת
avortement (m)	hapala	הַפָּלָה (נ)

respiration (f)	neʃima	נְשִימָה (נ)
inhalation (f)	ʃe'ifa	שאִיפָה (נ)
expiration (f)	neʃifa	נְשִיפָה (נ)

| expirer (vi) | linʃof | לִנְשׁוֹף |
| inspirer (vi) | liʃ'of | לִשְׁאוֹף |

invalide (m)	naχe	נָכֶה (ז)
handicapé (m)	naχe	נָכֶה (ז)
drogué (m)	narkoman	נַרְקוֹמָן (ז)

sourd (adj)	χereʃ	חֵירֵשׁ
muet (adj)	ilem	אִילֵם
sourd-muet (adj)	χereʃ-ilem	חֵירֵשׁ־אִילֵם

fou (adj)	meʃuga	מְשׁוּגָע
fou (m)	meʃuga	מְשׁוּגָע (ז)
folle (f)	meʃu'ga'at	מְשׁוּגַעַת (נ)
devenir fou	lehiʃta'ge'a	לְהִשְׁתַּגֵעַ

gène (m)	gen	גֵן (ז)
immunité (f)	χasinut	חֲסִינוּת (נ)
héréditaire (adj)	toraʃti	תּוֹרַשְׁתִּי
congénital (adj)	mulad	מוּלָד

virus (m)	'virus	וִירוּס (ז)
microbe (m)	χaidak	חַיְדָק (ז)
bactérie (f)	bak'terya	בַּקְטֶרְיָה (נ)
infection (f)	zihum	זִיהוּם (ז)

66. Les symptômes. Le traitement. Partie 3

| hôpital (m) | beit χolim | בֵּית חוֹלִים (ז) |
| patient (m) | metupal | מְטוּפָּל (ז) |

diagnostic (m)	avχana	אַבְחָנָה (נ)
cure (f) (faire une ~)	ripui	רִיפּוּי (ז)
traitement (m)	tipul refu'i	טִיפּוּל רְפוּאִי (ז)
se faire soigner	lekabel tipul	לְקַבֵּל טִיפּוּל
traiter (un patient)	letapel be...	לְטַפֵּל בְּ...
soigner (un malade)	letapel be...	לְטַפֵּל בְּ...
soins (m pl)	tipul	טִיפּוּל (ז)

opération (f)	ni'tuaχ	נִיתוּחַ (ז)
panser (vt)	laχboʃ	לַחְבּוֹשׁ
pansement (m)	χaviʃa	חֲבִישָׁה (נ)

vaccination (f)	χisun	חִיסוּן (ז)
vacciner (vt)	leχasen	לְחַסֵן
piqûre (f)	zrika	זְרִיקָה (נ)
faire une piqûre	lehazrik	לְהַזְרִיק

| crise, attaque (f) | hetkef | הֶתְקֵף (ז) |
| amputation (f) | kti'a | קְטִיעָה (נ) |

amputer (vt)	lik'to'a	לִקְטוֹעַ
coma (m)	tar'demet	תַּרְדֶמֶת (נ)
être dans le coma	lihyot betar'demet	לִהְיוֹת בְּתַרְדֶמֶת
réanimation (f)	tipul nimrats	טִיפּוּל נִמְרָץ (ז)

se rétablir (vp)	lehaχlim	לְהַחְלִים
état (m) (de santé)	matsav	מַצָב (ז)
conscience (f)	hakara	הַכָּרָה (נ)
mémoire (f)	zikaron	זִיכָּרוֹן (ז)

arracher (une dent)	la'akor	לַעֲקוֹר
plombage (m)	stima	סְתִימָה (נ)
plomber (vt)	la'asot stima	לַעֲשׂוֹת סְתִימָה

| hypnose (f) | hip'noza | הִיפְּנוֹזָה (נ) |
| hypnotiser (vt) | lehapnet | לְהַפְנֵט |

67. Les médicaments. Les accessoires

médicament (m)	trufa	תְרוּפָה (נ)
remède (m)	trufa	תְרוּפָה (נ)
prescrire (vt)	lirʃom	לִרְשוֹם
ordonnance (f)	mirʃam	מִרְשָם (ז)

comprimé (m)	kadur	כַּדוּר (ז)
onguent (m)	miʃχa	מִשְחָה (נ)
ampoule (f)	'ampula	אַמְפּוּלָה (נ)
mixture (f)	ta'a'rovet	תַעֲרוֹבֶת (נ)
sirop (m)	sirop	סִירוֹפ (ז)
pilule (f)	gluya	גְלוּיָה (נ)
poudre (f)	avka	אַבְקָה (נ)

bande (f)	taχ'boʃet 'gaza	תַחְבּוֹשֶת גָאזָה (ז)
coton (m) (ouate)	'tsemer 'gefen	צֶמֶר גֶפֶן (ז)
iode (m)	yod	יוֹד (ז)

| sparadrap (m) | 'plaster | פְּלַסְטֶר (ז) |
| compte-gouttes (m) | taf'tefet | טַפְטֶפֶת (נ) |

| thermomètre (m) | madχom | מַדְחוֹם (ז) |
| seringue (f) | mazrek | מַזְרֵק (ז) |

| fauteuil (m) roulant | kise galgalim | כִּיסֵא גַלְגַלִים (ז) |
| béquilles (f pl) | ka'bayim | קַבַּיִם (ז״ר) |

anesthésique (m)	meʃakeχ ke'evim	מְשַכֵּךְ כְּאֵבִים (ז)
purgatif (m)	trufa meʃal'ʃelet	תְרוּפָה מְשַלְשֶלֶת (נ)
alcool (m)	'kohal	כּוֹהַל (ז)
herbe (f) médicinale	isvei marpe	עִשְׂבֵי מַרְפֵּא (ז״ר)
d'herbes (adj)	ʃel asavim	שֶל עֲשָׂבִים

L'APPARTEMENT

T&P Books Publishing

68. L'appartement

appartement (m)	dira	דִּירָה (נ)
chambre (f)	'χeder	חֶדֶר (ז)
chambre (f) à coucher	χadar ʃena	חֲדַר שֵׁינָה (ז)
salle (f) à manger	pinat 'oχel	פִּנַּת אוֹכֶל (נ)
salon (m)	salon	סָלוֹן (ז)
bureau (m)	χadar avoda	חֲדַר עֲבוֹדָה (ז)
antichambre (f)	prozdor	פְּרוֹזְדוֹר (ז)
salle (f) de bains	χadar am'batya	חֲדַר אַמְבַּטְיָה (ז)
toilettes (f pl)	ʃerutim	שֵׁירוּתִים (ז"ר)
plafond (m)	tikra	תִּקְרָה (נ)
plancher (m)	ritspa	רִצְפָּה (נ)
coin (m)	pina	פִּינָה (נ)

69. Les meubles. L'intérieur

meubles (m pl)	rehitim	רָהִיטִים (ז"ר)
table (f)	ʃulχan	שׁוּלְחָן (ז)
chaise (f)	kise	כִּסֵּא (ז)
lit (m)	mita	מִיטָה (נ)
canapé (m)	sapa	סַפָּה (נ)
fauteuil (m)	kursa	כּוּרְסָה (נ)
bibliothèque (f) (meuble)	aron sfarim	אֲרוֹן סְפָרִים (ז)
rayon (m)	madaf	מַדָּף (ז)
armoire (f)	aron bgadim	אֲרוֹן בְּגָדִים (ז)
patère (f)	mitle	מִתְלֶה (ז)
portemanteau (m)	mitle	מִתְלֶה (ז)
commode (f)	ʃida	שִׁידָה (נ)
table (f) basse	ʃulχan itonim	שׁוּלְחַן עִיתּוֹנִים (ז)
miroir (m)	mar'a	מַרְאָה (נ)
tapis (m)	ʃa'tiaχ	שָׁטִיחַ (ז)
petit tapis (m)	ʃa'tiaχ	שָׁטִיחַ (ז)
cheminée (f)	aχ	אָח (נ)
bougie (f)	ner	נֵר (ז)
chandelier (m)	pamot	פָּמוֹט (ז)
rideaux (m pl)	vilonot	וִילוֹנוֹת (ז"ר)

papier (m) peint	tapet	טַפֶּט (ז)
jalousie (f)	trisim	תְּרִיסִים (ז"ר)
lampe (f) de table	menorat ʃulχan	מְנוֹרַת שׁוּלחָן (נ)
applique (f)	menorat kir	מְנוֹרַת קִיר (נ)
lampadaire (m)	menora o'medet	מְנוֹרָה עוֹמֶדֶת (נ)
lustre (m)	niv'reʃet	נִברֶשֶׁת (נ)
pied (m) (~ de la table)	'regel	רֶגֶל (נ)
accoudoir (m)	miʃ"enet yad	מִשׁעֶנֶת יָד (נ)
dossier (m)	miʃ"enet	מִשׁעֶנֶת (נ)
tiroir (m)	megera	מְגִירָה (נ)

70. La literie

linge (m) de lit	matsa'im	מַצָעִים (ז"ר)
oreiller (m)	karit	כָּרִית (נ)
taie (f) d'oreiller	tsipit	צִיפִּית (נ)
couverture (f)	smiχa	שׂמִיכָה (נ)
drap (m)	sadin	סָדִין (ז)
couvre-lit (m)	kisui mita	כִּיסוּי מִיטָה (ז)

71. La cuisine

cuisine (f)	mitbaχ	מִטבָּח (ז)
gaz (m)	gaz	גָז (ז)
cuisinière (f) à gaz	tanur gaz	תַּנוּר גָז (ז)
cuisinière (f) électrique	tanur χaʃmali	תַּנוּר חַשְׁמַלִי (ז)
four (m)	tanur afiya	תַּנוּר אָפִיָה (ז)
four (m) micro-ondes	mikrogal	מִיקרוֹגַל (ז)
réfrigérateur (m)	mekarer	מְקָרֵר (ז)
congélateur (m)	makpi	מַקפִּיא (ז)
lave-vaisselle (m)	me'diaχ kelim	מֵדִיחַ כֵּלִים (ז)
hachoir (m) à viande	matχenat basar	מַטחֲנַת בָּשָׂר (נ)
centrifugeuse (f)	masχeta	מַסחֵטָה (נ)
grille-pain (m)	'toster	טוֹסטֶר (ז)
batteur (m)	'mikser	מִיקסֶר (ז)
machine (f) à café	meχonat kafe	מְכוֹנַת קָפֶּה (נ)
cafetière (f)	findʒan	פִינג'אן (ז)
moulin (m) à café	matχenat kafe	מַטחֲנַת קָפֶּה (נ)
bouilloire (f)	kumkum	קוּמקוּם (ז)
théière (f)	kumkum	קוּמקוּם (ז)
couvercle (m)	miχse	מִכסֶה (ז)
passoire (f) à thé	mis'nenet te	מְסַנֶנֶת תֵה (נ)

cuillère (f)	kaf	כַּף (ז)
petite cuillère (f)	kapit	כַּפִּית (ז)
cuillère (f) à soupe	kaf	כַּף (ז)
fourchette (f)	mazleg	מַזְלֵג (ז)
couteau (m)	sakin	סַכִּין (ז, נ)

vaisselle (f)	kelim	כֵּלִים (ז״ר)
assiette (f)	tsa'laχat	צַלַּחַת (נ)
soucoupe (f)	taχtit	תַחְתִּית (נ)

verre (m) à shot	kosit	כּוֹסִית (נ)
verre (m) (~ d'eau)	kos	כּוֹס (נ)
tasse (f)	'sefel	סֵפֶל (ז)

sucrier (m)	mis'keret	מִסְכֶּרֶת (נ)
salière (f)	milχiya	מִלְחִיָּה (נ)
poivrière (f)	pilpeliya	פִּלְפְּלִיָּה (נ)
beurrier (m)	maχame'a	מַחְמָאָה (נ)

casserole (f)	sir	סִיר (ז)
poêle (f)	maχvat	מַחֲבַת (נ)
louche (f)	tarvad	תַרְוָד (ז)
passoire (f)	mis'nenet	מְסַנֶּנֶת (נ)
plateau (m)	magaʃ	מַגָּשׁ (ז)

bouteille (f)	bakbuk	בַּקְבּוּק (ז)
bocal (m) (à conserves)	tsin'tsenet	צִנְצֶנֶת (נ)
boîte (f) en fer-blanc	paχit	פַּחִית (נ)

ouvre-bouteille (m)	potχan bakbukim	פּוֹתְחָן בַּקְבּוּקִים (ז)
ouvre-boîte (m)	potχan kufsa'ot	פּוֹתְחָן קוּפְסָאוֹת (ז)
tire-bouchon (m)	maχlets	מַחְלֵץ (ז)
filtre (m)	'filter	פִילְטֶר (ז)
filtrer (vt)	lesanen	לְסַנֵּן

| ordures (f pl) | 'zevel | זֶבֶל (ז) |
| poubelle (f) | paχ 'zevel | פַּח זֶבֶל (ז) |

72. La salle de bains

salle (f) de bains	χadar am'batya	חֲדַר אַמְבַּטְיָה (ז)
eau (f)	'mayim	מַיִם (ז״ר)
robinet (m)	'berez	בֶּרֶז (ז)
eau (f) chaude	'mayim χamim	מַיִם חַמִּים (ז״ר)
eau (f) froide	'mayim karim	מַיִם קָרִים (ז״ר)

dentifrice (m)	miʃχat ʃi'nayim	מִשְׁחַת שִׁינַיִים (נ)
se brosser les dents	letsaχ'tseaχ ʃi'nayim	לְצַחְצֵחַ שִׁינַיִים
brosse (f) à dents	miv'reʃet ʃi'nayim	מִבְרֶשֶׁת שִׁינַיִים (נ)
se raser (vp)	lehitga'leaχ	לְהִתְגַּלֵּחַ

| mousse (f) à raser | 'ketsef gi'luax | קֶצֶף גִּילוּחַ (ז) |
| rasoir (m) | 'ta'ar | תַּעַר (ז) |

laver (vt)	liʃtof	לִשְׁטוֹף
se laver (vp)	lehitraxets	לְהִתְרַחֵץ
douche (f)	mik'laxat	מִקְלַחַת (נ)
prendre une douche	lehitka'leax	לְהִתְקַלֵחַ

baignoire (f)	am'batya	אַמְבַּטְיָה (נ)
cuvette (f)	asla	אַסְלָה (נ)
lavabo (m)	kiyor	כִּיּוֹר (ז)

| savon (m) | sabon | סַבּוֹן (ז) |
| porte-savon (m) | saboniya | סַבּוֹנִיָּה (נ) |

éponge (f)	sfog 'lifa	סְפוֹג לִיפָה (ז)
shampooing (m)	ʃampu	שַׁמְפּוּ (ז)
serviette (f)	ma'gevet	מַגֶּבֶת (נ)
peignoir (m) de bain	xaluk raxatsa	חָלוּק רַחְצָה (ז)

lessive (f) (faire la ~)	kvisa	כְּבִיסָה (נ)
machine (f) à laver	mexonat kvisa	מְכוֹנַת כְּבִיסָה (נ)
faire la lessive	lexabes	לְכַבֵּס
lessive (f) (poudre)	avkat kvisa	אַבְקַת כְּבִיסָה (נ)

73. Les appareils électroménagers

téléviseur (m)	tele'vizya	טֶלֶוִויזְיָה (נ)
magnétophone (m)	teip	טֵייפּ (ז)
magnétoscope (m)	maxʃir 'vide'o	מַכְשִׁיר וִידֵאוֹ (ז)
radio (f)	'radyo	רַדִיוֹ (ז)
lecteur (m)	nagan	נַגָּן (ז)

vidéoprojecteur (m)	makren	מַקְרֵן (ז)
home cinéma (m)	kol'no'a beiti	קוֹלְנוֹעַ בֵּיתִי (ז)
lecteur DVD (m)	nagan dividi	נַגָּן DVD (ז)
amplificateur (m)	magber	מַגְבֵּר (ז)
console (f) de jeux	maxʃir plei'steiʃen	מַכְשִׁיר פְּלֵייסְטֵיישֶׁן (ז)

caméscope (m)	matslemat 'vide'o	מַצְלֶמַת וִידֵאוֹ (נ)
appareil (m) photo	matslema	מַצְלֵמָה (נ)
appareil (m) photo numérique	matslema digi'talit	מַצְלֵמָה דִיגִיטָלִית (נ)

aspirateur (m)	ʃo'ev avak	שׁוֹאֵב אָבָק (ז)
fer (m) à repasser	maghets	מַגְהֵץ (ז)
planche (f) à repasser	'kereʃ gihuts	קֶרֶשׁ גִיהוּץ (ז)

| téléphone (m) | 'telefon | טֶלֶפוֹן (ז) |
| portable (m) | 'telefon nayad | טֶלֶפוֹן נַיָּד (ז) |

machine (f) à écrire	meχonat ktiva	מְכוֹנַת כְּתִיבָה (נ)
machine (f) à coudre	meχonat tfira	מְכוֹנַת תְּפִירָה (נ)
micro (m)	mikrofon	מִיקרוֹפוֹן (ז)
écouteurs (m pl)	ozniyot	אוֹזנִיוֹת (נ״ר)
télécommande (f)	'ʃelet	שֶׁלֶט (ז)
CD (m)	taklitor	תַקלִיטוֹר (ז)
cassette (f)	ka'letet	קַלֶטֶת (נ)
disque (m) (vinyle)	taklit	תַקלִיט (ז)

LA TERRE. LE TEMPS

T&P Books Publishing

cosmos (m)	χalal	חָלָל (ז)
cosmique (adj)	ʃel χalal	שֶׁל חָלָל
espace (m) cosmique	χalal χitson	חָלָל חִיצוֹן (ז)
monde (m)	olam	עוֹלָם (ז)
univers (m)	yekum	יְקוּם (ז)
galaxie (f)	ga'laksya	גָּלַקְסְיָה (נ)
étoile (f)	koχav	כּוֹכָב (ז)
constellation (f)	tsvir koχavim	צְבִיר כּוֹכָבִים (ז)
planète (f)	koχav 'leχet	כּוֹכַב לֶכֶת (ז)
satellite (m)	lavyan	לַוְיָן (ז)
météorite (m)	mete'orit	מֶטְאוֹרִיט (ז)
comète (f)	koχav ʃavit	כּוֹכָב שָׁבִיט (ז)
astéroïde (m)	aste'ro'id	אַסְטֶרוֹאִיד (ז)
orbite (f)	maslul	מַסְלוּל (ז)
tourner (vi)	lesovev	לְסוֹבֵב
atmosphère (f)	atmos'fera	אַטְמוֹסְפֶרָה (נ)
Soleil (m)	'ʃemeʃ	שֶׁמֶשׁ (נ)
système (m) solaire	ma'a'reχet ha'ʃemeʃ	מַעֲרֶכֶת הַשֶׁמֶשׁ (נ)
éclipse (f) de soleil	likui χama	לִיקּוּי חַמָה (ז)
Terre (f)	kadur ha''arets	כַּדּוּר הָאָרֶץ (ז)
Lune (f)	ya'reaχ	יָרֵחַ (ז)
Mars (m)	ma'adim	מַאְדִּים (ז)
Vénus (f)	'noga	נוֹגַהּ (ז)
Jupiter (m)	'tsedek	צֶדֶק (ז)
Saturne (m)	ʃabtai	שַׁבְתַאי (ז)
Mercure (m)	koχav χama	כּוֹכָב חַמָה (ז)
Uranus (m)	u'ranus	אוּרָנוּס (ז)
Neptune	neptun	נֶפְטוּן (ז)
Pluton (m)	'pluto	פְּלוּטוֹ (ז)
la Voie Lactée	ʃvil haχalav	שְׁבִיל הֶחָלָב (ז)
la Grande Ours	duba gdola	דּוּבָּה גְדוֹלָה (נ)
la Polaire	koχav hatsafon	כּוֹכַב הַצָּפוֹן (ז)
martien (m)	toʃav ma'adim	תּוֹשָׁב מַאְדִּים (ז)
extraterrestre (m)	χutsan	חוֹצָן (ז)
alien (m)	χaizar	חַייזָר (ז)

soucoupe (f) volante	tsa'laxat me'o'fefet	צַלַּחַת מְעוֹפֶפֶת (נ)
vaisseau (m) spatial	xalalit	חֲלָלִית (נ)
station (f) orbitale	taxanat xalal	תַּחֲנַת חָלָל (נ)
lancement (m)	hamra'a	הַמְרָאָה (נ)
moteur (m)	ma'no'a	מָנוֹעַ (ז)
tuyère (f)	nexir	נְחִיר (ז)
carburant (m)	'delek	דֶּלֶק (ז)
cabine (f)	'kokpit	קוֹקְפִּיט (ז)
antenne (f)	an'tena	אַנְטֶנָה (נ)
hublot (m)	eʃnav	אֶשְׁנָב (ז)
batterie (f) solaire	'luax so'lari	לוּחַ סוֹלָרִי (ז)
scaphandre (m)	xalifat xalal	חֲלִיפַת חָלָל (נ)
apesanteur (f)	'xoser miʃkal	חוֹסֶר מִשְׁקָל (ז)
oxygène (m)	xamtsan	חַמְצָן (ז)
arrimage (m)	agina	עֲגִינָה (נ)
s'arrimer à …	la'agon	לַעֲגוֹן
observatoire (m)	mitspe koxavim	מִצְפֵּה כּוֹכָבִים (ז)
télescope (m)	teleskop	טֶלֶסְקוֹפּ (ז)
observer (vt)	litspot, lehaʃkif	לִצְפּוֹת, לְהַשְׁקִיף
explorer (un cosmos)	laxkor	לַחְקוֹר

75. La Terre

Terre (f)	kadur ha''arets	כַּדּוּר הָאָרֶץ (ז)
globe (m) terrestre	kadur ha''arets	כַּדּוּר הָאָרֶץ (ז)
planète (f)	koxav 'lexet	כּוֹכַב לֶכֶת (ז)
atmosphère (f)	atmos'fera	אַטְמוֹסְפֵּרָה (נ)
géographie (f)	ge'o'grafya	גִּיאוֹגְרַפְיָה (נ)
nature (f)	'teva	טֶבַע (ז)
globe (m) de table	'globus	גלוֹבּוּס (ז)
carte (f)	mapa	מַפָּה (נ)
atlas (m)	'atlas	אַטְלָס (ז)
Europe (f)	ei'ropa	אֵירוֹפָּה (נ)
Asie (f)	'asya	אַסְיָה (נ)
Afrique (f)	'afrika	אַפְרִיקָה (נ)
Australie (f)	ost'ralya	אוֹסְטְרַלְיָה (נ)
Amérique (f)	a'merika	אָמְרִיקָה (נ)
Amérique (f) du Nord	a'merika hatsfonit	אָמְרִיקָה הַצְּפוֹנִית (נ)
Amérique (f) du Sud	a'merika hadromit	אָמְרִיקָה הַדְּרוֹמִית (נ)
l'Antarctique (m)	ya'beʃet an'tarktika	יַבֶּשֶׁת אַנְטַארְקְטִיקָה (נ)
l'Arctique (m)	'arktika	אַרְקְטִיקָה (נ)

76. Les quatre parties du monde

nord (m)	tsafon	צָפוֹן (ז)
vers le nord	tsa'fona	צָפוֹנָה
au nord	batsafon	בַּצָּפוֹן
du nord (adj)	tsfoni	צְפוֹנִי
sud (m)	darom	דָרוֹם (ז)
vers le sud	da'roma	דָרוֹמָה
au sud	badarom	בַּדָרוֹם
du sud (adj)	dromi	דְרוֹמִי
ouest (m)	ma'arav	מַעֲרָב (ז)
vers l'occident	ma'a'rava	מַעֲרָבָה
à l'occident	bama'arav	בַּמַעֲרָב
occidental (adj)	ma'aravi	מַעֲרָבִי
est (m)	mizraχ	מִזְרָח (ז)
vers l'orient	miz'raχa	מִזְרָחָה
à l'orient	bamizraχ	בַּמִזְרָח
oriental (adj)	mizraχi	מִזְרָחִי

77. Les océans et les mers

mer (f)	yam	יָם (ז)
océan (m)	ok'yanos	אוֹקְיָאנוֹס (ז)
golfe (m)	mifrats	מִפְרָץ (ז)
détroit (m)	meitsar	מֵיצָר (ז)
terre (f) ferme	yabaʃa	יַבָּשָה (נ)
continent (m)	ya'beʃet	יַבָּשֶת (נ)
île (f)	i	אִי (ז)
presqu'île (f)	χatsi i	חֲצִי אִי (ז)
archipel (m)	arχipelag	אַרכִיפֶּלָג (ז)
baie (f)	mifrats	מִפְרָץ (ז)
port (m)	namal	נָמָל (ז)
lagune (f)	la'guna	לָגוֹנָה (נ)
cap (m)	kef	כֵּף (ז)
atoll (m)	atol	אַטוֹל (ז)
récif (m)	ʃunit	שוֹנִית (נ)
corail (m)	almog	אַלמוֹג (ז)
récif (m) de corail	ʃunit almogim	שוֹנִית אַלמוֹגִים (נ)
profond (adj)	amok	עָמוֹק
profondeur (f)	'omek	עוֹמֶק (ז)
abîme (m)	tehom	תְהוֹם (נ)
fosse (f) océanique	maχteʃ	מַכְתֵש (ז)

courant (m)	'zerem	זֶרֶם (ז)
baigner (vt) (mer)	lehakif	לְהַקִיף
littoral (m)	χof	חוֹף (ז)
côte (f)	χof yam	חוֹף יָם (ז)
marée (f) haute	ge'ut	גֵאוּת (נ)
marée (f) basse	'ʃefel	שֵׁפֶל (ז)
banc (m) de sable	sirton	שִׂרטוֹן (ז)
fond (m)	karka'it	קַרקָעִית (נ)
vague (f)	gal	גַל (ז)
crête (f) de la vague	pisgat hagal	פִּסגַת הַגַל (נ)
mousse (f)	'keʦef	קֶצֶף (ז)
tempête (f) en mer	sufa	סוּפָה (נ)
ouragan (m)	hurikan	הוּרִיקָן (ז)
tsunami (m)	ʦu'nami	צוּנָאמִי (ז)
calme (m)	'roga	רוֹגַע (ז)
calme (tranquille)	ʃalev	שָׁלֵו
pôle (m)	'kotev	קוֹטֶב (ז)
polaire (adj)	kotbi	קוֹטבִּי
latitude (f)	kav 'roχav	קַו רוֹחַב (ז)
longitude (f)	kav 'oreχ	קַו אוֹרֶך (ז)
parallèle (f)	kav 'roχav	קַו רוֹחַב (ז)
équateur (m)	kav hamaʃve	קַו הַמַשוֶוה (ז)
ciel (m)	ʃa'mayim	שָׁמַיִים (ז"ר)
horizon (m)	'ofek	אוֹפֶק (ז)
air (m)	avir	אֲווִיר (ז)
phare (m)	migdalor	מִגדַלוֹר (ז)
plonger (vi)	liʦlol	לִצלוֹל
sombrer (vi)	lit'boʻa	לִטבּוֹעַ
trésor (m)	oʦarot	אוֹצָרוֹת (ז"ר)

78. Les noms des mers et des océans

océan (m) Atlantique	ha'ok'yanus ha'at'lanti	הָאוֹקִייָנוֹס הָאַטלַנטִי (ז)
océan (m) Indien	ha'ok'yanus ha'hodi	הָאוֹקִייָנוֹס הַהוֹדִי (ז)
océan (m) Pacifique	ha'ok'yanus haʃaket	הָאוֹקִייָנוֹס הַשָׁקֵט (ז)
océan (m) Glacial	ok'yanos ha'keraχ haʦfoni	אוֹקִייָנוֹס הַקֶרַח הַצפוֹנִי (ז)
mer (f) Noire	hayam haʃaχor	הַיָם הַשָׁחוֹר (ז)
mer (f) Rouge	yam suf	יַם סוּף (ז)
mer (f) Jaune	hayam haʦahov	הַיָם הַצָהוֹב (ז)
mer (f) Blanche	hayam halavan	הַיָם הַלָבָן (ז)
mer (f) Caspienne	hayam ha'kaspi	הַיָם הַכַּספִי (ז)

mer (f) Morte	yam ha'melaχ	יַם הַמֶּלַח (ז)
mer (f) Méditerranée	hayam hatiχon	הַיָם הַתִּיכוֹן (ז)
mer (f) Égée	hayam ha'e'ge'i	הַיָם הָאֲגָאִי (ז)
mer (f) Adriatique	hayam ha'adri'yati	הַיָם הָאַדְרִיָאתִי (ז)
mer (f) Arabique	hayam ha'aravi	הַיָם הָעֲרָבִי (ז)
mer (f) du Japon	hayam haya'pani	הַיָם הַיָּפָנִי (ז)
mer (f) de Béring	yam 'bering	יַם בֶּרִינג (ז)
mer (f) de Chine Méridionale	yam sin hadromi	יַם סִין הַדרוֹמִי (ז)
mer (f) de Corail	yam ha'almogim	יַם הָאַלמוֹגִים (ז)
mer (f) de Tasman	yam tasman	יַם טַסמֶן (ז)
mer (f) Caraïbe	hayam haka'ribi	הַיָם הַקָרִיבִּי (ז)
mer (f) de Barents	yam 'barents	יַם בָּרֶנץ (ז)
mer (f) de Kara	yam 'kara	יַם קָארָה (ז)
mer (f) du Nord	hayam hatsfoni	הַיָם הַצְפוֹנִי (ז)
mer (f) Baltique	hayam ha'balti	הַיָם הַבַּלטִי (ז)
mer (f) de Norvège	hayam hanor'vegi	הַיָם הַנוֹרבֶגִי (ז)

79. Les montagnes

montagne (f)	har	הַר (ז)
chaîne (f) de montagnes	'reχes harim	רֶכֶס הָרִים (ז)
crête (f)	'reχes har	רֶכֶס הַר (ז)
sommet (m)	pisga	פִּסגָה (נ)
pic (m)	pisga	פִּסגָה (נ)
pied (m)	margelot	מַרגְלוֹת (נ"ר)
pente (f)	midron	מִדרוֹן (ז)
volcan (m)	har 'ga'aʃ	הַר גַעַש (ז)
volcan (m) actif	har 'ga'aʃ pa'il	הַר גַעַש פָּעִיל (ז)
volcan (m) éteint	har 'ga'aʃ radum	הַר גַעַש רָדוּם (ז)
éruption (f)	hitpartsut	הִתפָּרצוּת (נ)
cratère (m)	lo'a	לוֹעַ (ז)
magma (m)	megama	מֶגמָה (נ)
lave (f)	'lava	לָאבָה (נ)
en fusion (lave ~)	lohet	לוֹהֵט
canyon (m)	kanyon	קַניוֹן (ז)
défilé (m) (gorge)	gai	גַיא (ז)
crevasse (f)	'beka	בָּקַע (ז)
précipice (m)	tehom	תְהוֹם (נ)
col (m) de montagne	ma'avar harim	מַעֲבַר הָרִים (ז)
plateau (m)	rama	רָמָה (נ)

rocher (m)	tsuk	צוּק (ז)
colline (f)	giv'a	גִּבעָה (נ)
glacier (m)	karxon	קַרחוֹן (ז)
chute (f) d'eau	mapal 'mayim	מַפָּל מַיִם (ז)
geyser (m)	'geizer	גֵּייזֶר (ז)
lac (m)	agam	אֲגַם (ז)
plaine (f)	miʃor	מִישוֹר (ז)
paysage (m)	nof	נוֹף (ז)
écho (m)	hed	הֵד (ז)
alpiniste (m)	metapes harim	מְטַפֵּס הָרִים (ז)
varappeur (m)	metapes sla'im	מְטַפֵּס סְלָעִים (ז)
conquérir (vt)	lixboʃ	לִכבּוֹש
ascension (f)	tipus	טִיפּוּס (ז)

80. Les noms des chaînes de montagne

Alpes (f pl)	harei ha''alpim	הָרֵי הָאַלפִּים (ז"ר)
Mont Blanc (m)	mon blan	מוֹן בּלָאן (ז)
Pyrénées (f pl)	pire'ne'im	פִּירֶנָאִים (ז"ר)
Carpates (f pl)	kar'patim	קַרפָּטִים (ז"ר)
Monts Oural (m pl)	harei ural	הָרֵי אוּרָל (ז"ר)
Caucase (m)	harei hakavkaz	הָרֵי הַקַּווקָז (ז"ר)
Elbrous (m)	elbrus	אֶלבּרוּס (ז)
Altaï (m)	harei altai	הָרֵי אַלטָאי (ז"ר)
Tian Chan (m)	tyan ʃan	טִיאַן שָאן (ז)
Pamir (m)	harei pamir	הָרֵי פָּאמִיר (ז"ר)
Himalaya (m)	harei hehima'laya	הָרֵי הַהִימָלַאיָה (ז"ר)
Everest (m)	everest	אֶווֶרֶסט (ז)
Andes (f pl)	harei ha''andim	הָרֵי הָאַנדִים (ז"ר)
Kilimandjaro (m)	kiliman'dʒaro	קִילִימַנג'רוֹ (ז)

81. Les fleuves

rivière (f), fleuve (m)	nahar	נָהָר (ז)
source (f)	ma'ayan	מַעיָין (ז)
lit (m) (d'une rivière)	afik	אָפִיק (ז)
bassin (m)	agan nahar	אֲגַן נָהָר (ז)
se jeter dans …	lehiʃapex	לְהִישָפֵּך
affluent (m)	yuval	יוּבַל (ז)
rive (f)	xof	חוֹף (ז)
courant (m)	'zerem	זֶרֶם (ז)

| en aval | bemorad hanahar | בְּמוֹרַד הַנָּהָר |
| en amont | bema'ale hanahar | בְּמַעֲלֵה הַזֶּרֶם |

inondation (f)	hatsafa	הֲצָפָה (נ)
les grandes crues	ʃitafon	שִׁיטָפוֹן (ז)
déborder (vt)	la'alot al gdotav	לַעֲלוֹת עַל גְּדוֹתָיו
inonder (vt)	lehatsif	לְהָצִיף

| bas-fond (m) | sirton | שִׂרְטוֹן (ז) |
| rapide (m) | 'eʃed | אֶשֶׁד (ז) |

barrage (m)	'seχer	סֶכֶר (ז)
canal (m)	te'ala	תְּעָלָה (נ)
lac (m) de barrage	ma'agar 'mayim	מַאֲגַר מַיִם (ז)
écluse (f)	ta 'ʃayit	תָּא שַׁיִט (ז)

plan (m) d'eau	ma'agar 'mayim	מַאֲגַר מַיִם (ז)
marais (m)	bitsa	בִּיצָה (נ)
fondrière (f)	bitsa	בִּיצָה (נ)
tourbillon (m)	me'ar'bolet	מְעַרְבּוֹלֶת (נ)

ruisseau (m)	'naχal	נַחַל (ז)
potable (adj)	ʃel ʃtiya	שֶׁל שתִיָה
douce (l'eau ~)	metukim	מְתוּקִים

| glace (f) | 'keraχ | קֶרַח (ז) |
| être gelé | likpo | לִקְפּוֹא |

82. Les noms des fleuves

| Seine (f) | hasen | הַסֶּן (ז) |
| Loire (f) | lu'ar | לוֹאָר (ז) |

Tamise (f)	'temza	תָּמְזָה (ז)
Rhin (m)	hrain	הָרַיִן (ז)
Danube (m)	da'nuba	דָנוּבָּה (ז)

Volga (f)	'volga	ווֹלְגָה (ז)
Don (m)	nahar don	נָהָר דוֹן (ז)
Lena (f)	'lena	לֶנָה (ז)

Huang He (m)	hvang ho	הוֹאַנג הוֹ (ז)
Yangzi Jiang (m)	yangtse	יַאנגצֶה (ז)
Mékong (m)	mekong	מֶקוֹנג (ז)
Gange (m)	'ganges	גַנגֶס (ז)

Nil (m)	'nilus	נִילוּס (ז)
Congo (m)	'kongo	קוֹנגוֹ (ז)
Okavango (m)	ok'vango	אוֹקָבָנגוֹ (ז)
Zambèze (m)	zam'bezi	זַמבֶּזִי (ז)

Limpopo (m)	limpopo	לִימְפּוֹפּוֹ (ז)
Mississippi (m)	misi'sipi	מִיסִיסִיפִּי (ז)

83. La forêt

forêt (f)	'ya'ar	יַעַר (ז)
forestier (adj)	ʃel 'ya'ar	שֶׁל יַעַר
fourré (m)	avi ha'ya'ar	עֲבִי הַיַּעַר (ז)
bosquet (m)	χurʃa	חוּרְשָׁה (נ)
clairière (f)	ka'raχat 'ya'ar	קָרַחַת יַעַר (נ)
broussailles (f pl)	svaχ	סְבַךְ (ז)
taillis (m)	'siaχ	שִׂיחַ (ז)
sentier (m)	ʃvil	שְׁבִיל (ז)
ravin (m)	'emek tsar	עֵמֶק צַר (ז)
arbre (m)	ets	עֵץ (ז)
feuille (f)	ale	עָלֶה (ז)
feuillage (m)	alva	עַלְוָה (נ)
chute (f) de feuilles	ʃa'leχet	שַׁלֶּכֶת (נ)
tomber (feuilles)	linʃor	לִנְשׁוֹר
sommet (m)	tsa'meret	צָמֶרֶת (נ)
rameau (m)	anaf	עָנָף (ז)
branche (f)	anaf ave	עָנָף עָבֶה (ז)
bourgeon (m)	nitsan	נִיצָן (ז)
aiguille (f)	'maχat	מַחַט (נ)
pomme (f) de pin	itstrubal	אִצְטְרוּבָּל (ז)
creux (m)	χor ba'ets	חוֹר בָּעֵץ (ז)
nid (m)	ken	קֵן (ז)
terrier (m) (~ d'un renard)	meχila	מְחִילָה (נ)
tronc (m)	'geza	גֶּזַע (ז)
racine (f)	'ʃoreʃ	שׁוֹרֶשׁ (ז)
écorce (f)	klipa	קְלִיפָּה (נ)
mousse (f)	taχav	טַחַב (ז)
déraciner (vt)	la'akor	לַעֲקוֹר
abattre (un arbre)	liχrot	לִכְרוֹת
déboiser (vt)	levare	לְבָרֵא
souche (f)	'gedem	גֶּדֶם (ז)
feu (m) de bois	medura	מְדוּרָה (נ)
incendie (m)	srefa	שְׂרֵיפָה (נ)
éteindre (feu)	leχabot	לְכַבּוֹת
garde (m) forestier	ʃomer 'ya'ar	שׁוֹמֵר יַעַר (ז)

protection (f)	ʃmira	שְׁמִירָה (נ)
protéger (vt)	liʃmor	לִשְׁמוֹר
braconnier (m)	tsayad lelo reʃut	צַיָּיד לְלֹא רְשׁוּת (ז)
piège (m) à mâchoires	mal'kodet	מַלְכּוֹדֶת (נ)

| cueillir (vt) | lelaket | לְלַקֵּט |
| s'égarer (vp) | lit'ot | לִתְעוֹת |

84. Les ressources naturelles

ressources (f pl) naturelles	otsarot 'teva	אוֹצְרוֹת טֶבַע (ז״ר)
minéraux (m pl)	mine'ralim	מִינֶרָלִים (ז״ר)
gisement (m)	mirbats	מִרְבָּץ (ז)
champ (m) (~ pétrolifère)	mirbats	מִרְבָּץ (ז)

extraire (vt)	liχrot	לִכְרוֹת
extraction (f)	kriya	כְּרִיָּיה (נ)
minerai (m)	afra	עַפְרָה (נ)
mine (f) (site)	miχre	מִכְרֶה (ז)
puits (m) de mine	pir	פִּיר (ז)
mineur (m)	kore	כּוֹרֶה (ז)

| gaz (m) | gaz | גָּז (ז) |
| gazoduc (m) | tsinor gaz | צִינּוֹר גָּז (ז) |

pétrole (m)	neft	נֵפְט (ז)
pipeline (m)	tsinor neft	צִינּוֹר נֵפְט (ז)
tour (f) de forage	be'er neft	בְּאֵר נֵפְט (נ)
derrick (m)	migdal ki'duaχ	מִגְדַּל קִידּוּחַ (ז)
pétrolier (m)	meχalit	מֵיכָלִית (נ)

sable (m)	χol	חוֹל (ז)
calcaire (m)	'even gir	אֶבֶן גִּיר (נ)
gravier (m)	χatsats	חָצָץ (ז)
tourbe (f)	kavul	כָּבוּל (ז)
argile (f)	tit	טִיט (ז)
charbon (m)	peχam	פֶּחָם (ז)

fer (m)	barzel	בַּרְזֶל (ז)
or (m)	zahav	זָהָב (ז)
argent (m)	'kesef	כֶּסֶף (ז)
nickel (m)	'nikel	נִיקֵל (ז)
cuivre (m)	ne'χoʃet	נְחוֹשֶׁת (נ)

zinc (m)	avats	אָבָץ (ז)
manganèse (m)	mangan	מַנְגָּן (ז)
mercure (m)	kaspit	כַּסְפִּית (נ)
plomb (m)	o'feret	עוֹפֶרֶת (נ)
minéral (m)	mineral	מִינֶרָל (ז)
cristal (m)	gaviʃ	גָּבִישׁ (ז)

| marbre (m) | 'ʃayiʃ | שַׁיִשׁ (ז) |
| uranium (m) | u'ranyum | אוּרָנְיוּם (ז) |

85. Le temps

temps (m)	'mezeg avir	מֶזֶג אֲוֹוִיר (ז)
météo (f)	taχazit 'mezeg ha'avir	תַּחֲזִית מֶזֶג הָאֲוֹוִיר (נ)
température (f)	tempera'tura	טֶמְפֶּרָטוּרָה (נ)
thermomètre (m)	madχom	מַדְחוֹם (ז)
baromètre (m)	ba'rometer	בָּרוֹמֶטֶר (ז)

humide (adj)	laχ	לַח
humidité (f)	laχut	לַחוּת (נ)
chaleur (f) (canicule)	χom	חוֹם (ז)
torride (adj)	χam	חַם
il fait très chaud	χam	חַם

| il fait chaud | χamim | חָמִים |
| chaud (modérément) | χamim | חָמִים |

| il fait froid | kar | קַר |
| froid (adj) | kar | קַר |

soleil (m)	'ʃemeʃ	שֶׁמֶשׁ (נ)
briller (soleil)	lizhor	לִזְהוֹר
ensoleillé (jour ~)	ʃimʃi	שִׁמְשִׁי
se lever (vp)	liz'roaχ	לִזְרוֹחַ
se coucher (vp)	liʃ'ko'a	לִשְׁקוֹעַ

nuage (m)	anan	עָנָן (ז)
nuageux (adj)	me'unan	מְעוּנָן
nuée (f)	av	עָב (ז)
sombre (adj)	sagriri	סַגְרִירִי

pluie (f)	'geʃem	גֶּשֶׁם (ז)
il pleut	yored 'geʃem	יוֹרֵד גֶּשֶׁם
pluvieux (adj)	gaʃum	גָּשׁוּם
bruiner (v imp)	letaftef	לְטַפְטֵף

pluie (f) torrentielle	matar	מָטָר (ז)
averse (f)	mabul	מַבּוּל (ז)
forte (la pluie ~)	χazak	חָזָק

| flaque (f) | ʃlulit | שְׁלוּלִית (נ) |
| se faire mouiller | lehitratev | לְהִתְרַטֵּב |

brouillard (m)	arapel	עֲרָפֶל (ז)
brumeux (adj)	me'urpal	מְעוּרְפָּל
neige (f)	'ʃeleg	שֶׁלֶג (ז)
il neige	yored 'ʃeleg	יוֹרֵד שֶׁלֶג

86. Les intempéries. Les catastrophes naturelles

orage (m)	sufat re'amim	סוּפַת רְעָמִים (נ)
éclair (m)	barak	בָּרָק (ז)
éclater (foudre)	livhok	לִבהוֹק
tonnerre (m)	'ra'am	רַעַם (ז)
gronder (tonnerre)	lir'om	לִרעוֹם
le tonnerre gronde	lir'om	לִרעוֹם
grêle (f)	barad	בָּרָד (ז)
il grêle	yored barad	יוֹרֵד בָּרָד
inonder (vt)	lehatsif	לְהָצִיף
inondation (f)	ʃitafon	שִׁיטָפוֹן (ז)
tremblement (m) de terre	re'idat adama	רְעִידַת אֲדָמָה (נ)
secousse (f)	re'ida	רְעִידָה (נ)
épicentre (m)	moked	מוֹקֵד (ז)
éruption (f)	hitpartsut	הִתפָּרצוּת (נ)
lave (f)	'lava	לָאבָה (נ)
tourbillon (m)	hurikan	הוֹרִיקָן (ז)
tornade (f)	tor'nado	טוֹרנָדוֹ (ז)
typhon (m)	taifun	טַייפוּן (ז)
ouragan (m)	hurikan	הוֹרִיקָן (ז)
tempête (f)	sufa	סוּפָה (נ)
tsunami (m)	tsu'nami	צוּנָאמִי (ז)
cyclone (m)	tsiklon	צִיקלוֹן (ז)
intempéries (f pl)	sagrir	סַגרִיר (ז)
incendie (m)	srefa	שׂרֵיפָה (נ)
catastrophe (f)	ason	אָסוֹן (ז)
météorite (m)	mete'orit	מֶטֶאוֹרִיט (ז)
avalanche (f)	ma'polet ʃlagim	מַפּוֹלֶת שְׁלָגִים (נ)
éboulement (m)	ma'polet ʃlagim	מַפּוֹלֶת שְׁלָגִים (נ)
blizzard (m)	sufat ʃlagim	סוּפַת שְׁלָגִים (נ)
tempête (f) de neige	sufat ʃlagim	סוּפַת שְׁלָגִים (נ)

LA FAUNE

T&P Books Publishing

87. Les mammifères. Les prédateurs

prédateur (m)	χayat 'teref	חַיַּת טָרֶף (ז)
tigre (m)	'tigris	טִיגְרִיס (ז)
lion (m)	arye	אַרְיֵה (ז)
loup (m)	ze'ev	זְאֵב (ז)
renard (m)	ʃu'al	שׁוּעָל (ז)
jaguar (m)	yagu'ar	יָגוּאָר (ז)
léopard (m)	namer	נָמֵר (ז)
guépard (m)	bardelas	בַּרְדְּלָס (ז)
panthère (f)	panter	פַּנְתֵּר (ז)
puma (m)	'puma	פּוּמָה (נ)
léopard (m) de neiges	namer 'ʃeleg	נְמַר שֶׁלֶג (ז)
lynx (m)	ʃunar	שׁוּנָר (ז)
coyote (m)	ze'ev ha'aravot	זְאֵב הָעֲרָבוֹת (ז)
chacal (m)	tan	תַּן (ז)
hyène (f)	tsa'vo'a	צָבוֹעַ (ז)

88. Les animaux sauvages

animal (m)	'ba'al χayim	בַּעַל חַיִּים (ז)
bête (f)	χaya	חַיָּה (נ)
écureuil (m)	sna'i	סְנָאִי (ז)
hérisson (m)	kipod	קִיפּוֹד (ז)
lièvre (m)	arnav	אַרְנָב (ז)
lapin (m)	ʃafan	שָׁפָן (ז)
blaireau (m)	girit	גִּירִית (נ)
raton (m)	dvivon	דְּבִיבוֹן (ז)
hamster (m)	oger	אוֹגֵר (ז)
marmotte (f)	mar'mita	מַרְמִיטָה (נ)
taupe (f)	χafar'peret	חֲפַרְפֶּרֶת (נ)
souris (f)	aχbar	עַכְבָּר (ז)
rat (m)	χulda	חוּלְדָּה (נ)
chauve-souris (f)	atalef	עֲטַלֵּף (ז)
hermine (f)	hermin	הֶרְמִין (ז)
zibeline (f)	tsobel	צוֹבֶּל (ז)
martre (f)	dalak	דָּלָק (ז)

belette (f)	χamus	חָמוֹס (ז)
vison (m)	χorfan	חוֹרְפָּן (ז)
castor (m)	bone	בּוֹנֶה (ז)
loutre (f)	lutra	לוּטְרָה (נ)
cheval (m)	sus	סוּס (ז)
élan (m)	ayal hakore	אַיָּל הַקּוֹרֵא (ז)
cerf (m)	ayal	אַיָּל (ז)
chameau (m)	gamal	גָּמָל (ז)
bison (m)	bizon	בִּיזוֹן (ז)
aurochs (m)	bizon ei'ropi	בִּיזוֹן אֵירוֹפִּי (ז)
buffle (m)	te'o	תְּאוֹ (ז)
zèbre (m)	'zebra	זֶּבְּרָה (נ)
antilope (f)	anti'lopa	אַנְטִילוֹפָּה (נ)
chevreuil (m)	ayal hakarmel	אַיָּל הַכַּרְמֶל (ז)
biche (f)	yaχmur	יַחְמוּר (ז)
chamois (m)	ya'el	יָעֵל (ז)
sanglier (m)	χazir bar	חֲזִיר בָּר (ז)
baleine (f)	livyatan	לִוְיָתָן (ז)
phoque (m)	'kelev yam	כֶּלֶב יָם (ז)
morse (m)	sus yam	סוּס יָם (ז)
ours (m) de mer	dov yam	דֹּב יָם (ז)
dauphin (m)	dolfin	דּוֹלְפִין (ז)
ours (m)	dov	דֹּב (ז)
ours (m) blanc	dov 'kotev	דֹּב קוֹטֶב (ז)
panda (m)	'panda	פַּנְדָה (נ)
singe (m)	kof	קוֹף (ז)
chimpanzé (m)	ʃimpanze	שִׁימְפַּנְזֶה (נ)
orang-outang (m)	orang utan	אוֹרַנְג-אוּטָן (ז)
gorille (m)	go'rila	גּוֹרִילָה (נ)
macaque (m)	makak	מָקָק (ז)
gibbon (m)	gibon	גִּיבּוֹן (ז)
éléphant (m)	pil	פִּיל (ז)
rhinocéros (m)	karnaf	קַרְנַף (ז)
girafe (f)	dʒi'rafa	גִ'ירָפָּה (נ)
hippopotame (m)	hipopotam	הִיפּוֹפּוֹטָם (ז)
kangourou (m)	'kenguru	קֶנְגּוּרוּ (ז)
koala (m)	ko''ala	קוֹאָלָה (ז)
mangouste (f)	nemiya	נְמִיָּה (נ)
chinchilla (m)	tʃin'tʃila	צִ'ינְצִ'ילָה (נ)
mouffette (f)	bo'eʃ	בּוֹאֵשׁ (ז)
porc-épic (m)	darban	דַּרְבָּן (ז)

89. Les animaux domestiques

chat (m) (femelle)	χatula	תְּתוּלָה (נ)
chat (m) (mâle)	χatul	חָתוּל (ז)
chien (m)	'kelev	כֶּלֶב (ז)
cheval (m)	sus	סוּס (ז)
étalon (m)	sus harba'a	סוּס הַרְבָּעָה (ז)
jument (f)	susa	סוּסָה (נ)
vache (f)	para	פָּרָה (נ)
taureau (m)	ʃor	שׁוֹר (ז)
bœuf (m)	ʃor	שׁוֹר (ז)
brebis (f)	kivsa	כִּבְשָׂה (נ)
mouton (m)	'ayil	אַיִל (ז)
chèvre (f)	ez	עֵז (נ)
bouc (m)	'tayiʃ	תַּיִשׁ (ז)
âne (m)	χamor	חֲמוֹר (ז)
mulet (m)	'pered	פֶּרֶד (ז)
cochon (m)	χazir	חֲזִיר (ז)
pourceau (m)	χazarzir	חֲזַרְזִיר (ז)
lapin (m)	arnav	אַרְנָב (ז)
poule (f)	tarne'golet	תַּרְנְגוֹלֶת (נ)
coq (m)	tarnegol	תַּרְנְגוֹל (ז)
canard (m)	barvaz	בַּרְוָז (ז)
canard (m) mâle	barvaz	בַּרְוָז (ז)
oie (f)	avaz	אַוָּז (ז)
dindon (m)	tarnegol 'hodu	תַּרְנְגוֹל הוֹדוּ (ז)
dinde (f)	tarne'golet 'hodu	תַּרְנְגוֹלֶת הוֹדוּ (נ)
animaux (m pl) domestiques	χayot 'bayit	חַיוֹת בַּיִת (נ"ר)
apprivoisé (adj)	mevuyat	מְבוּיָת
apprivoiser (vt)	levayet	לְבַיֵּת
élever (vt)	lehar'bi'a	לְהַרְבִּיעַ
ferme (f)	χava	חַוָּה (נ)
volaille (f)	ofot 'bayit	עוֹפוֹת בַּיִת (נ"ר)
bétail (m)	bakar	בָּקָר (ז)
troupeau (m)	'eder	עֵדֶר (ז)
écurie (f)	urva	אוּרְוָה (נ)
porcherie (f)	dir χazirim	דִיר חֲזִירִים (ז)
vacherie (f)	'refet	רֶפֶת (נ)
cabane (f) à lapins	arnaviya	אַרְנְבִיָּה (נ)
poulailler (m)	lul	לוּל (ז)

90. Les oiseaux

oiseau (m)	ţsipor	צִיפּוֹר (נ)
pigeon (m)	yona	יוֹנָה (נ)
moineau (m)	dror	דְּרוֹר (ז)
mésange (f)	yargazi	יַרְגָּזִי (ז)
pie (f)	orev neχalim	עוֹרֵב נְחָלִים (ז)
corbeau (m)	orev ʃaχor	עוֹרֵב שָׁחוֹר (ז)
corneille (f)	orev afor	עוֹרֵב אָפוֹר (ז)
choucas (m)	ka'ak	קָאָק (ז)
freux (m)	orev hamizra	עוֹרֵב הַמִּזְרָע (ז)
canard (m)	barvaz	בַּרְוָז (ז)
oie (f)	avaz	אַוָז (ז)
faisan (m)	pasyon	פַסְיוֹן (ז)
aigle (m)	'ayit	עַיִט (ז)
épervier (m)	neţs	נֵץ (ז)
faucon (m)	baz	בַּז (ז)
vautour (m)	ozniya	עוֹזְנִיָּה (ז)
condor (m)	kondor	קוֹנְדוֹר (ז)
cygne (m)	barbur	בַּרְבּוּר (ז)
grue (f)	agur	עָגוּר (ז)
cigogne (f)	χasida	חֲסִידָה (נ)
perroquet (m)	'tuki	תּוּכִּי (ז)
colibri (m)	ko'libri	קוֹלִיבְּרִי (ז)
paon (m)	tavas	טַוָּס (ז)
autruche (f)	bat ya'ana	בַּת יַעֲנָה (נ)
héron (m)	anafa	אֲנָפָה (נ)
flamant (m)	fla'mingo	פְלָמִינְגּוֹ (ז)
pélican (m)	saknai	שַׂקְנַאי (ז)
rossignol (m)	zamir	זָמִיר (ז)
hirondelle (f)	snunit	סְנוּנִית (נ)
merle (m)	kiχli	קִיכְלִי (ז)
grive (f)	kiχli mezamer	קִיכְלִי מְזַמֵּר (ז)
merle (m) noir	kiχli ʃaχor	קִיכְלִי שָׁחוֹר (ז)
martinet (m)	sis	סִיס (ז)
alouette (f) des champs	efroni	עֶפְרוֹנִי (ז)
caille (f)	slav	שְׂלָיו (ז)
pivert (m)	'neker	נָקָר (ז)
coucou (m)	kukiya	קוּקִיָּה (נ)
chouette (f)	yanʃuf	יַנְשׁוּף (ז)
hibou (m)	'oaχ	אוֹחַ (ז)

tétras (m)	seχvi 'ya'ar	שְׂכוִוי יַעַר (ז)
tétras-lyre (m)	seχvi	שְׂכוִוי (ז)
perdrix (f)	χogla	חָגְלָה (נ)

étourneau (m)	zarzir	זַרְזִיר (ז)
canari (m)	ka'narit	קָנָרִית (נ)
gélinotte (f) des bois	seχvi haya'arot	שְׂכוִוי הַיְּעָרוֹת (ז)
pinson (m)	paroʃ	פָּרוֹשׁ (ז)
bouvreuil (m)	admonit	אַדְמוֹנִית (נ)

mouette (f)	'ʃaχaf	שַׁחַף (ז)
albatros (m)	albatros	אַלְבַּטְרוֹס (ז)
pingouin (m)	pingvin	פִּינְגוִוין (ז)

91. Les poissons. Les animaux marins

brème (f)	avroma	אַבְרוֹמָה (נ)
carpe (f)	karpiyon	קַרְפִּיוֹן (ז)
perche (f)	'okunus	אוֹקוּנוּס (ז)
silure (m)	sfamnun	שְׂפַמְנוּן (ז)
brochet (m)	ze'ev 'mayim	זְאֵב מַיִם (ז)

| saumon (m) | 'salmon | סַלְמוֹן (ז) |
| esturgeon (m) | χidkan | חִדְקָן (ז) |

hareng (m)	ma'liaχ	מָלִיחַ (ז)
saumon (m) atlantique	iltit	אִילְתִּית (נ)
maquereau (m)	makarel	מָקָרֵל (ז)
flet (m)	dag moʃe ra'benu	דַּג מֹשֶׁה רַבֵּנוּ (ז)

sandre (f)	amnun	אַמְנוּן (ז)
morue (f)	ʃibut	שִׁיבּוּט (ז)
thon (m)	'tuna	טוּנָה (נ)
truite (f)	forel	פוֹרֶל (ז)

anguille (f)	tslofaχ	צְלוֹפָח (ז)
torpille (f)	trisanit	תְּרִיסָנִית (נ)
murène (f)	mo'rena	מוֹרֶנָה (נ)
piranha (m)	pi'ranya	פִּירַנְיָה (נ)

requin (m)	kariʃ	כָּרִישׁ (ז)
dauphin (m)	dolfin	דוֹלְפִין (ז)
baleine (f)	livyatan	לוִוייָתָן (ז)

crabe (m)	sartan	סַרְטָן (ז)
méduse (f)	me'duza	מֶדוּזָה (נ)
pieuvre (f), poulpe (m)	tamnun	תַּמְנוּן (ז)

| étoile (f) de mer | koχav yam | כּוֹכַב יָם (ז) |
| oursin (m) | kipod yam | קִיפּוֹד יָם (ז) |

hippocampe (m)	suson yam	סוּסוֹן יָם (ז)
huître (f)	tsidpa	צִדְפָּה (נ)
crevette (f)	χasilon	חָסִילוֹן (ז)
homard (m)	'lobster	לוֹבְּסְטֶר (ז)
langoustine (f)	'lobster kotsani	לוֹבְּסְטֶר קוֹצָנִי (ז)

92. Les amphibiens. Les reptiles

serpent (m)	naχaʃ	נָחָשׁ (ז)
venimeux (adj)	arsi	אַרְסִי
vipère (f)	'tsefa	צֶפַע (ז)
cobra (m)	'peten	פֶּתֶן (ז)
python (m)	piton	פִּיתוֹן (ז)
boa (m)	χanak	חֲנָק (ז)
couleuvre (f)	naχaʃ 'mayim	נָחָשׁ מַיִם (ז)
serpent (m) à sonnettes	ʃfifon	שְׁפִיפוֹן (ז)
anaconda (m)	ana'konda	אֲנָקוֹנְדָה (נ)
lézard (m)	leta'a	לְטָאָה (נ)
iguane (m)	igu''ana	אִיגוּאָנָה (נ)
varan (m)	'koaχ	כּוֹחַ (ז)
salamandre (f)	sala'mandra	סָלָמַנְדְרָה (נ)
caméléon (m)	zikit	זִיקִית (נ)
scorpion (m)	akrav	עַקְרָב (ז)
tortue (f)	tsav	צָב (ז)
grenouille (f)	tsfar'de'a	צְפַרְדֵּעַ (נ)
crapaud (m)	karpada	קַרְפָּדָה (נ)
crocodile (m)	tanin	תַּנִּין (ז)

93. Les insectes

insecte (m)	χarak	חֶרֶק (ז)
papillon (m)	parpar	פַּרְפַּר (ז)
fourmi (f)	nemala	נְמָלָה (נ)
mouche (f)	zvuv	זְבוּב (ז)
moustique (m)	yatuʃ	יַתּוּשׁ (ז)
scarabée (m)	χipuʃit	חִיפּוּשִׁית (נ)
guêpe (f)	tsir'a	צִרְעָה (נ)
abeille (f)	dvora	דְבוֹרָה (נ)
bourdon (m)	dabur	דַבּוּר (ז)
œstre (m)	zvuv hasus	זְבוּב הַסּוּס (ז)
araignée (f)	akaviʃ	עַכָּבִישׁ (ז)
toile (f) d'araignée	kurei akaviʃ	קוּרֵי עַכָּבִישׁ (ז"ר)

libellule (f)	ʃapirit	שְׁפִירִית (נ)
sauterelle (f)	χagav	חָגָב (ז)
papillon (m)	aʃ	עָשׁ (ז)
cafard (m)	makak	מַקָּק (ז)
tique (f)	karʦiya	קַרְצִיָּה (נ)
puce (f)	parʿoʃ	פַּרְעוֹשׁ (ז)
moucheron (m)	yavχuʃ	יַבְחוּשׁ (ז)
criquet (m)	arbe	אַרְבֶּה (ז)
escargot (m)	χilazon	חִילָזוֹן (ז)
grillon (m)	ʦarʦar	צְרָצַר (ז)
luciole (f)	gaχlilit	גַּחְלִילִית (נ)
coccinelle (f)	parat moʃe ra'benu	פָּרַת מֹשֶׁה רַבֵּנוּ (נ)
hanneton (m)	χipuʃit aviv	חִיפּוּשִׁית אָבִיב (נ)
sangsue (f)	aluka	עֲלוּקָה (נ)
chenille (f)	zaχal	זַחַל (ז)
ver (m)	to'laʿat	תּוֹלַעַת (נ)
larve (f)	'deren	דֶּרֶן (ז)

LA FLORE

T&P Books Publishing

arbre (m)	ets	עֵץ (ז)
à feuilles caduques	naʃir	נָשִׁיר
conifère (adj)	maχtani	מַחְטָנִי
à feuilles persistantes	yarok ad	יָרוֹק עַד
pommier (m)	ta'puaχ	תַּפּוּחַ (ז)
poirier (m)	agas	אַגָּס (ז)
merisier (m)	gudgedan	גּוּדְגְּדָן (ז)
cerisier (m)	duvdevan	דּוּבְדְּבָן (ז)
prunier (m)	ʃezif	שְׁזִיף (ז)
bouleau (m)	ʃadar	שֶׁדֶר (ז)
chêne (m)	alon	אַלּוֹן (ז)
tilleul (m)	'tilya	טִילְיָה (נ)
tremble (m)	aspa	אַסְפָּה (נ)
érable (m)	'eder	אֶדֶר (ז)
épicéa (m)	a'ʃuaχ	אַשּׁוּחַ (ז)
pin (m)	'oren	אוֹרֶן (ז)
mélèze (m)	arzit	אַרְזִית (נ)
sapin (m)	a'ʃuaχ	אַשּׁוּחַ (ז)
cèdre (m)	'erez	אֶרֶז (ז)
peuplier (m)	tsaftsefa	צַפְצָפָה (נ)
sorbier (m)	ben χuzrar	בֶּן־חוּזְרָר (ז)
saule (m)	arava	עֲרָבָה (נ)
aune (m)	alnus	אַלְנוּס (ז)
hêtre (m)	aʃur	אָשׁוּר (ז)
orme (m)	bu'kitsa	בּוּקִיצָה (נ)
frêne (m)	mela	מֵילָה (נ)
marronnier (m)	armon	עַרְמוֹן (ז)
magnolia (m)	mag'nolya	מַגְנוֹלְיָה (נ)
palmier (m)	'dekel	דֶּקֶל (ז)
cyprès (m)	broʃ	בְּרוֹשׁ (ז)
palétuvier (m)	mangrov	מַנְגְּרוֹב (ז)
baobab (m)	ba'obab	בָּאוֹבָּב (ז)
eucalyptus (m)	eika'liptus	אֵיקָלִיפְּטוּס (ז)
séquoia (m)	sek'voya	סֶקְווֹיָה (נ)

95. Les arbustes

buisson (m)	'siaχ	שִׂיחַ (ז)
arbrisseau (m)	'siaχ	שִׂיחַ (ז)
vigne (f)	'gefen	גֶּפֶן (ז)
vigne (f) (vignoble)	'kerem	כֶּרֶם (ז)
framboise (f)	'petel	פֶּטֶל (ז)
cassis (m)	'siaχ dumdemaniyot ʃχorot	שִׂיח דוּמדְּמָנִיּוֹת שְׁחוֹרוֹת (ז)
groseille (f) rouge	'siaχ dumdemaniyot adumot	שִׂיח דוּמדְּמָנִיּוֹת אֲדוֹמוֹת (ז)
groseille (f) verte	χazarzar	חֲזַרְזָר (ז)
acacia (m)	ʃita	שִׁיטָה (נ)
berbéris (m)	berberis	בַּרְבָּרִיס (ז)
jasmin (m)	yasmin	יַסְמִין (ז)
genévrier (m)	ar'ar	עַרְעָר (ז)
rosier (m)	'siaχ vradim	שִׂיח וְרָדִים (ז)
églantier (m)	'vered bar	וֶרֶד בָּר (ז)

96. Les fruits. Les baies

fruit (m)	pri	פְּרִי (ז)
fruits (m pl)	perot	פֵּירוֹת (ז״ר)
pomme (f)	ta'puaχ	תַּפּוּחַ (ז)
poire (f)	agas	אַגָּס (ז)
prune (f)	ʃezif	שְׁזִיף (ז)
fraise (f)	tut sade	תּוּת שָׂדֶה (ז)
cerise (f)	duvdevan	דוּבדְּבָן (ז)
merise (f)	gudgedan	גוֹדגְּדָן (ז)
raisin (m)	anavim	עֲנָבִים (ז״ר)
framboise (f)	'petel	פֶּטֶל (ז)
cassis (m)	dumdemanit ʃχora	דוּמדְּמָנִית שְׁחוֹרָה (נ)
groseille (f) rouge	dumdemanit aduma	דוּמדְּמָנִית אֲדוֹמָה (נ)
groseille (f) verte	χazarzar	חֲזַרְזָר (ז)
canneberge (f)	χamutsit	חֲמוּצִית (נ)
orange (f)	tapuz	תַּפּוּז (ז)
mandarine (f)	klemen'tina	קלֶמֶנטִינָה (נ)
ananas (m)	'ananas	אֲנָנָס (ז)
banane (f)	ba'nana	בַּנָנָה (נ)
datte (f)	tamar	תָּמָר (ז)
citron (m)	limon	לִימוֹן (ז)
abricot (m)	'miʃmeʃ	מִשְׁמֵשׁ (ז)

pêche (f)	afarsek	אֲפַרְסֵק (ז)
kiwi (m)	'kivi	קִיוִוי (ז)
pamplemousse (m)	eʃkolit	אֶשְׁכּוֹלִית (נ)

baie (f)	garger	גַרְגַּר (ז)
baies (f pl)	gargerim	גַרְגְּרִים (ז״ר)
airelle (f) rouge	uχmanit aduma	אוּכְמָנִית אֲדוּמָה (נ)
fraise (f) des bois	tut 'ya'ar	תוּת יַעַר (ז)
myrtille (f)	uχmanit	אוּכְמָנִית (נ)

97. Les fleurs. Les plantes

| fleur (f) | 'peraχ | פֶּרַח (ז) |
| bouquet (m) | zer | זֵר (ז) |

rose (f)	'vered	וֶרֶד (ז)
tulipe (f)	tsiv'oni	צִבְעוֹנִי (ז)
oeillet (m)	tsi'poren	צִיפּוֹרֶן (ז)
glaïeul (m)	glad'yola	גְּלַדִיוֹלָה (נ)

bleuet (m)	dganit	דַּגָנְיָה (נ)
campanule (f)	pa'amonit	פַּעֲמוֹנִית (נ)
dent-de-lion (f)	ʃinan	שִׁינָן (ז)
marguerite (f)	kamomil	קָמוֹמִיל (ז)

aloès (m)	alvai	אָלְוַוי (ז)
cactus (m)	'kaktus	קַקְטוּס (ז)
ficus (m)	'fikus	פִיקוּס (ז)

lis (m)	ʃoʃana	שׁוֹשַׁנָה (נ)
géranium (m)	ge'ranyum	גֵּרַנְיוּם (ז)
jacinthe (f)	yakinton	יָקִינְטוֹן (ז)

mimosa (m)	mi'moza	מִימוֹזָה (נ)
jonquille (f)	narkis	נַרְקִיס (ז)
capucine (f)	'kova hanazir	כּוֹבַע הַנָזִיר (ז)

orchidée (f)	saχlav	סַחְלָב (ז)
pivoine (f)	admonit	אֲדְמוֹנִית (נ)
violette (f)	sigalit	סִיגָלִית (נ)

pensée (f)	amnon vetamar	אַמְנוֹן וְתָמָר (ז)
myosotis (m)	ziχ'rini	זִכְרִינִי (ז)
pâquerette (f)	marganit	מַרְגָּנִית (נ)

coquelicot (m)	'pereg	פֶּרֶג (ז)
chanvre (m)	ka'nabis	קָנָאבִּיס (ז)
menthe (f)	'menta	מֶנְתָה (נ)
muguet (m)	zivanit	זִיוָונִית (נ)
perce-neige (f)	ga'lantus	גָּלָנְטוּס (ז)

ortie (f)	sirpad	סִרְפָּד (ז)
oseille (f)	χumʿa	חוּמעָה (נ)
nénuphar (m)	nufar	נוּפָר (ז)
fougère (f)	ʃaraχ	שֶׂרֶךְ (ז)
lichen (m)	χazazit	חֲזָזִית (נ)
serre (f) tropicale	χamama	חָמָמָה (נ)
gazon (m)	midʃaʿa	מִדשָׁאָה (נ)
parterre (m) de fleurs	arugat praχim	עֲרוּגַת פְּרָחִים (נ)
plante (f)	'tsemaχ	צֶמַח (ז)
herbe (f)	'deʃe	דֶשֶׁא (ז)
brin (m) d'herbe	givʿol 'esev	גִבעוֹל עֵשֶׂב (ז)
feuille (f)	ale	עָלֶה (ז)
pétale (m)	ale ko'teret	עָלֶה כּוֹתֶרֶת (ז)
tige (f)	givʿol	גִבעוֹל (ז)
tubercule (m)	'pkaʿat	פְּקַעַת (נ)
pousse (f)	'nevet	נֶבֶט (ז)
épine (f)	kots	קוֹץ (ז)
fleurir (vi)	lif'roaχ	לִפרוֹחַ
se faner (vp)	linbol	לִנבּוֹל
odeur (f)	'reaχ	רֵיחַ (ז)
couper (vt)	ligzom	לִגזוֹם
cueillir (fleurs)	liktof	לִקטוֹף

98. Les céréales

grains (m pl)	tvuʿa	תבוּאָה (נ)
céréales (f pl) (plantes)	dganim	דְגָנִים (ז״ר)
épi (m)	ʃi'bolet	שִׁיבּוֹלֶת (נ)
blé (m)	χita	חִיטָה (נ)
seigle (m)	ʃifon	שִׁיפוֹן (ז)
avoine (f)	ʃi'bolet ʃuʿal	שִׁיבּוֹלֶת שׁוּעָל (נ)
millet (m)	'doχan	דוֹחַן (ז)
orge (f)	seʿora	שְׂעוֹרָה (נ)
maïs (m)	'tiras	תִּירָס (ז)
riz (m)	'orez	אוֹרֶז (ז)
sarrasin (m)	ku'semet	כּוּסֶמֶת (נ)
pois (m)	afuna	אֲפוּנָה (נ)
haricot (m)	ʃuʿit	שְׁעוּעִית (נ)
soja (m)	'soya	סוֹיָה (נ)
lentille (f)	adaʃim	עֲדָשִׁים (נ״ר)
fèves (f pl)	pol	פוֹל (ז)

LES PAYS DU MONDE

T&P Books Publishing

Afghanistan (m)	afganistan	אַפְגָּנִיסְטָן (ז)
Albanie (f)	al'banya	אַלְבַּנְיָה (נ)
Allemagne (f)	ger'manya	גֶּרְמַנְיָה (נ)
Angleterre (f)	'angliya	אַנְגְּלִיָּה (נ)
Arabie (f) Saoudite	arav hasaʿudit	עֲרָב הַסָּעוּדִית (נ)
Argentine (f)	argen'tina	אַרְגֶּנְטִינָה (נ)
Arménie (f)	ar'menya	אַרְמֶנְיָה (נ)
Australie (f)	ost'ralya	אוֹסְטְרַלְיָה (נ)
Autriche (f)	'ostriya	אוֹסְטְרִיָה (נ)
Azerbaïdjan (m)	azerbaidʒan	אֲזֶרְבַּייְגָ'ן (ז)
Bahamas (f pl)	iyey ba'hama	אִיֵּי בָּהָאמָה (ז"ר)
Bangladesh (m)	banglade∫	בַּנְגְלָדֶש (ז)
Belgique (f)	'belgya	בֶּלְגִיָה (נ)
Biélorussie (f)	'belarus	בֶּלָרוּס (ז)
Bolivie (f)	bo'livya	בּוֹלִיבִיָה (נ)
Bosnie (f)	'bosniya	בּוֹסְנִיָה (נ)
Brésil (m)	brazil	בְּרָזִיל (ז)
Bulgarie (f)	bul'garya	בּוּלְגַּרְיָה (נ)
Cambodge (m)	kam'bodya	קַמְבּוֹדְיָה (נ)
Canada (m)	'kanada	קָנָדָה (נ)
Chili (m)	't∫ile	צִ'ילֶה (נ)
Chine (f)	sin	סִין (נ)
Chypre (m)	kafrisin	קַפְרִיסִין (נ)
Colombie (f)	ko'lombya	קוֹלוֹמְבִּיָה (נ)
Corée (f) du Nord	ko'reiʾa hatsfonit	קוֹרֵיאָה הַצְּפוֹנִית (נ)
Corée (f) du Sud	ko'reiʾa hadromit	קוֹרֵיאָה הַדְּרוֹמִית (נ)
Croatie (f)	kro''atya	קְרוֹאַטְיָה (נ)
Cuba (f)	'kuba	קוּבָּה (נ)
Danemark (m)	'denemark	דֶּנְמַרְק (נ)
Écosse (f)	'skotland	סְקוֹטְלַנְד (נ)
Égypte (f)	mits'rayim	מִצְרַיִם (נ)
Équateur (m)	ekvador	אֶקְוָדוֹר (נ)
Espagne (f)	sfarad	סְפָרַד (נ)
Estonie (f)	es'tonya	אֶסְטוֹנִיָה (נ)
Les États Unis	artsot habrit	אַרְצוֹת הַבְּרִית (נ"ר)
Fédération (f) des Émirats Arabes Unis	iχud ha'emi'royot ha'araviyot	אִיחוּד הָאֱמִירֻיוֹת הָעֲרָבִיוֹת (ז)
Finlande (f)	'finland	פִינְלַנְד (נ)
France (f)	tsarfat	צָרְפַת (נ)
Géorgie (f)	'gruzya	גְרוּזְיָה (נ)

Ghana (m)	'gana	גָאנָה (נ)
Grande-Bretagne (f)	bri'tanya hagdola	בְּרִיטַנְיָה הַגדוֹלָה (נ)
Grèce (f)	yavan	יָוָן (נ)

100. Les pays du monde. Partie 2

Haïti (m)	ha''iti	הָאִיטִי (נ)
Hongrie (f)	hun'garya	הוֹנגַריָה (נ)
Inde (f)	'hodu	הוֹדוּ (נ)
Indonésie (f)	indo'nezya	אִינדוֹנֶזיָה (נ)
Iran (m)	iran	אִירָן (נ)
Iraq (m)	irak	עִירָאק (נ)
Irlande (f)	'irland	אִירלַנד (נ)
Islande (f)	'island	אִיסלַנד (נ)
Israël (m)	yisra'el	יִשֹרָאֵל (נ)
Italie (f)	i'talya	אִיטַליָה (נ)
Jamaïque (f)	dʒa'maika	גָ'מֵייקָה (נ)
Japon (m)	yapan	יַפָּן (נ)
Jordanie (f)	yarden	יַרדֵן (נ)
Kazakhstan (m)	kazaχstan	קָזַחסטָן (נ)
Kenya (m)	'kenya	קֶניָה (נ)
Kirghizistan (m)	kirgizstan	קִירגִיזסטָן (נ)
Koweït (m)	kuveit	כּוּוֵית (נ)
Laos (m)	la'os	לָאוֹס (נ)
Lettonie (f)	'latviya	לַטבִיָה (נ)
Liban (m)	levanon	לְבָנוֹן (נ)
Libye (f)	luv	לוֹב (נ)
Liechtenstein (m)	liχtenʃtain	לִיכטֶנשטַיין (נ)
Lituanie (f)	'lita	לִיטָא (נ)
Luxembourg (m)	luksemburg	לוּקסֶמבּוֹרג (נ)
Macédoine (f)	make'donya	מָקֵדוֹניָה (נ)
Madagascar (f)	madagaskar	מָדָגַסקָר (ז)
Malaisie (f)	ma'lezya	מָלֶזיָה (נ)
Malte (f)	'malta	מַלטָה (נ)
Maroc (m)	ma'roko	מָרוֹקוֹ (נ)
Mexique (m)	'meksiko	מֶקסִיקוֹ (נ)
Moldavie (f)	mol'davya	מוֹלדַביָה (נ)
Monaco (m)	mo'nako	מוֹנָקוֹ (נ)
Mongolie (f)	mon'golya	מוֹנגוֹליָה (נ)
Monténégro (m)	monte'negro	מוֹנטֶנֶגרוֹ (נ)
Myanmar (m)	miyanmar	מִיַאנמָר (נ)
Namibie (f)	na'mibya	נָמִיביָה (נ)
Népal (m)	nepal	נֶפָּאל (נ)
Norvège (f)	nor'vegya	נוֹרבֶגיָה (נ)
Nouvelle Zélande (f)	nyu 'ziland	נִיו זִילַנד (נ)
Ouzbékistan (m)	uzbekistan	אוּזבֶּקִיסטָן (נ)

101. Les pays du monde. Partie 3

Pakistan (m)	pakistan	פָּקִיסטָן (ז)
Palestine (f)	falastin	פָּלַסטִין (ז)
Panamá (m)	pa'nama	פָּנָמָה (ז)
Paraguay (m)	paragvai	פָּרָגוּוַאי (ז)
Pays-Bas (m)	'holand	הוֹלַנד (ז)
Pérou (m)	peru	פֶּרוּ (ז)
Pologne (f)	polin	פּוֹלִין (ז)
Polynésie (f) Française	poli'nezya hatsarfatit	פּוֹלִינֶזיָה הַצָרפָתִית (ז)
Portugal (m)	portugal	פּוֹרטוּגָל (ז)
République (f) Dominicaine	hare'publika hadomeni'kanit	הָרֶפּוּבּלִיקָה הַדוֹמִינִיקָנִית (ז)
République (f) Sud-africaine	drom 'afrika	דרוֹם אַפרִיקָה (ז)
République (f) Tchèque	'tʃexya	צֶ'כיָה (ז)
Roumanie (f)	ro'manya	רוֹמַניָה (ז)
Russie (f)	'rusya	רוּסיָה (ז)
Sénégal (m)	senegal	סֶנֶגָל (ז)
Serbie (f)	'serbya	סֶרבּיָה (ז)
Slovaquie (f)	slo'vakya	סלוֹבָקיָה (ז)
Slovénie (f)	slo'venya	סלוֹבֶניָה (ז)
Suède (f)	'ʃvedya	שבֶדיָה (ז)
Suisse (f)	'ʃvaits	שוֵויץ (ז)
Surinam (m)	surinam	סוּרִינָאם (ז)
Syrie (f)	'surya	סוּריָה (ז)
Tadjikistan (m)	tadʒikistan	טָג'יקִיסטָן (ז)
Taïwan (m)	taivan	טַייוָון (ז)
Tanzanie (f)	tan'zanya	טַנזַניָה (ז)
Tasmanie (f)	tas'manya	טַסמַניָה (ז)
Thaïlande (f)	'tailand	תַאילַנד (ז)
Tunisie (f)	tu'nisya	טוּנִיסיָה (ז)
Turkménistan (m)	turkmenistan	טוּרקמֶנִיסטָן (ז)
Turquie (f)	'turkiya	טוּרקִיָה (ז)
Ukraine (f)	uk'rayna	אוּקרָאִינָה (ז)
Uruguay (m)	urugvai	אוּרוּגוּוַאי (ז)
Vatican (m)	vatikan	וָתִיקָן (ז)
Venezuela (f)	venetsu"ela	וֶנֶצוּאֶלָה (ז)
Vietnam (m)	vyetnam	וִייֶטנָאם (ז)
Zanzibar (m)	zanzibar	זַנזִיבָּר (ז)

GLOSSAIRE GASTRONOMIQUE

Cette section contient
beaucoup de mots associés
à la nourriture. Ce dictionnaire
vous facilitera la tâche
de comprendre le menu
et de commander le bon plat
au restaurant

T&P Books Publishing

Français-Hébreu glossaire gastronomique

épi (m)	ʃi'bolet	שִׁיבּוֹלֶת (נ)
épice (f)	tavlin	תַּבְלִין (ז)
épinard (m)	'tered	תֶּרֶד (ז)
œuf (m)	beitsa	בֵּיצָה (נ)
abricot (m)	'miʃmeʃ	מִשְׁמֵשׁ (ז)
addition (f)	χeʃbon	חֶשְׁבּוֹן (ז)
ail (m)	ʃum	שׁוּם (ז)
airelle (f) rouge	uχmanit aduma	אוּכְמָנִית אֲדוּמָה (נ)
amande (f)	ʃaked	שָׁקֵד (ז)
amanite (f) tue-mouches	zvuvanit	זְבוּבָנִית (נ)
amer (adj)	marir	מָרִיר
ananas (m)	'ananas	אָנָנָס (ז)
anguille (f)	tslofaχ	צְלוֹפָח (ז)
anis (m)	kamnon	כַּמְנוֹן (ז)
apéritif (m)	maʃke meta'aven	מַשְׁקֶה מְתַאֲבֵן (ז)
appétit (m)	te'avon	תֵּיאָבוֹן (ז)
arrière-goût (m)	'ta'am levai	טַעַם לְוַואי (ז)
artichaut (m)	artiʃok	אַרְטִישׁוֹק (ז)
asperge (f)	aspa'ragos	אַסְפָּרָגוֹס (ז)
assiette (f)	tsa'laχat	צַלַּחַת (נ)
aubergine (f)	χatsil	חָצִיל (ז)
avec de la glace	im 'keraχ	עִם קֶרַח
avocat (m)	avo'kado	אָבוֹקָדוֹ (ז)
avoine (f)	ʃi'bolet ʃu'al	שִׁיבּוֹלֶת שׁוּעָל (נ)
bacon (m)	'kotel χazir	קוֹתֶל חֲזִיר (ז)
baie (f)	garger	גַּרְגֵּר (ז)
baies (f pl)	gargerim	גַּרְגְּרִים (ז"ר)
banane (f)	ba'nana	בַּנָּנָה (נ)
bar (m)	bar, pab	בָּר, פָּאבּ (ז)
barman (m)	'barmen	בַּרְמָן (ז)
basilic (m)	reχan	רֵיחָן (ז)
betterave (f)	'selek	סֶלֶק (ז)
beurre (m)	χem'a	חֶמְאָה (נ)
bière (f)	'bira	בִּירָה (נ)
bière (f) blonde	'bira bahira	בִּירָה בְּהִירָה (נ)
bière (f) brune	'bira keha	בִּירָה כֵּהָה (נ)
biscuit (m)	ugiya	עוּגִיָּה (נ)
blé (m)	χita	חִיטָה (נ)
blanc (m) d'œuf	χelbon	חֶלְבּוֹן (ז)
boisson (f) non alcoolisée	maʃke kal	מַשְׁקֶה קַל (ז)
boissons (f pl) alcoolisées	maʃka'ot χarifim	מַשְׁקָאוֹת חֲרִיפִים (ז"ר)
bolet (m) bai	pitriyat 'ya'ar	פִּטְרִיַּת יַעַר (נ)

bolet (m) orangé	pitriyat 'kova aduma	פְּטִרִיַּת כּוֹבַע אֲדוּמָה (נ)
bon (adj)	ta'im	טָעִים
Bon appétit!	betei'avon!	בְּתֵיאָבוֹן!
bonbon (m)	sukariya	סֻכָּרִיָּה (נ)
bouillie (f)	daysa	דַּייסָה (נ)
bouillon (m)	marak tsaχ, tsir	מָרָק צַח, צִיר (ז)
brème (f)	avroma	אַברוֹמָה (נ)
brochet (m)	ze'ev 'mayim	זְאֵב מַיִם (ז)
brocoli (m)	'brokoli	בְּרוֹקוֹלִי (ז)
cèpe (m)	por'tʃini	פּוֹרצִ'ינִי (ז)
céleri (m)	'seleri	סֶלֶרִי (ז)
céréales (f pl)	dganim	דְּגָנִים (ז״ר)
cacahuète (f)	botnim	בּוֹטנִים (ז״ר)
café (m)	kafe	קָפֶּה (ז)
café (m) au lait	kafe hafuχ	קָפֶּה הָפוּך (ז)
café (m) noir	kafe ʃaχor	קָפֶּה שָׁחוֹר (ז)
café (m) soluble	kafe names	קָפֶּה נָמֵס (ז)
calamar (m)	kala'mari	קָלָמָארִי (ז)
calorie (f)	ka'lorya	קָלוֹרִיָה (נ)
canard (m)	barvaz	בַּרוָז (ז)
canneberge (f)	χamutsit	חֲמוּצִית (נ)
cannelle (f)	kinamon	קִינָמוֹן (ז)
cappuccino (m)	kapu'tʃino	קָפּוּצִ'ינוֹ (ז)
carotte (f)	'gezer	גֶּזֶר (ז)
carpe (f)	karpiyon	קַרפִּיוֹן (ז)
carte (f)	tafrit	תַּפרִיט (ז)
carte (f) des vins	reʃimat yeynot	רְשִׁימַת יֵינוֹת (נ)
cassis (m)	dumdemanit ʃχora	דוּמדְּמָנִית שְׁחוֹרָה (נ)
caviar (m)	kavyar	קָוִיָאר (ז)
cerise (f)	duvdevan	דוּבדְּבָן (ז)
champagne (m)	ʃam'panya	שַׁמפַּנייָה (נ)
champignon (m)	pitriya	פְּטִרִיָּה (נ)
champignon (m) comestible	pitriya ra'uya lema'aχal	פְּטִרִיָּה רְאוּיָה לְמַאֲכָל
champignon (m) vénéneux	pitriya ra'ila	פְּטִרִיָּה רָעִילָה (נ)
chaud (adj)	χam	חַם
chocolat (m)	'ʃokolad	שׁוֹקוֹלָד (ז)
chou (m)	kruv	כְּרוּב (ז)
chou (m) de Bruxelles	kruv nitsanim	כְּרוּב נִצָּנִים (ז)
chou-fleur (m)	kruvit	כְּרוּבִית (נ)
citron (m)	limon	לִימוֹן (ז)
clou (m) de girofle	tsi'poren	צִיפּוֹרֶן (ז)
cocktail (m)	kokteil	קוֹקטֵייל (ז)
cocktail (m) au lait	'milkʃeik	מִילקשֵׁייק (ז)
cognac (m)	'konyak	קוֹנייָאק (ז)
concombre (m)	melafefon	מְלָפְפוֹן (ז)
condiment (m)	'rotev	רוֹטֶב (ז)
confiserie (f)	mutsrei kondi'torya	מוּצרֵי קוֹנדִיטוֹרִיָּה (ז״ר)
confiture (f)	riba	רִיבָּה (נ)
confiture (f)	riba	רִיבָּה (נ)
congelé (adj)	kafu	קָפוּא

conserves (f pl)	ʃimurim	שִׁימוּרִים (ז״ר)
coriandre (m)	'kusbara	כּוּסבָּרָה (נ)
courgette (f)	kiʃu	קִישׁוּא (ז)
couteau (m)	sakin	סַכִּין (ז, נ)
crème (f)	ʃa'menet	שַׁמֶּנֶת (נ)
crème (f) aigre	ʃa'menet	שַׁמֶּנֶת (נ)
crème (f) au beurre	ka'tsefet χem'a	קַצֶּפֶת חֶמאָה (נ)
crabe (m)	sartan yam	סַרטָן יָם (ז)
crevette (f)	ʃrimps	שׁרִימפּס (ז״ר)
crustacés (m pl)	sartana'im	סַרטָנָאִים (ז״ר)
cuillère (f)	kaf	כַּף (נ)
cuillère (f) à soupe	kaf	כַּף (נ)
cuisine (f)	mitbaχ	מִטבָּח (ז)
cuisse (f)	'kotel χazir me'uʃan	קוֹתָל חָזִיר מְעוּשָׁן (ז)
cuit à l'eau (adj)	mevuʃal	מְבוּשָׁל
cumin (m)	'kimel	קִימֶל (ז)
cure-dent (m)	keisam ʃi'nayim	קֵיסַם שִׁינַיִים (ז)
déjeuner (m)	aruχat tsaha'rayim	אֲרוּחַת צָהֳרַיִים (נ)
dîner (m)	aruχat 'erev	אֲרוּחַת עֶרֶב (נ)
datte (f)	tamar	תָּמָר (ז)
dessert (m)	ki'nuaχ	קִינּוּחַ (ז)
dinde (f)	'hodu	הוֹדוּ (ז)
du bœuf	bakar	בָּקָר (ז)
du mouton	basar 'keves	בָּשָׂר כֶּבֶשׂ (ז)
du porc	basar χazir	בָּשָׂר חָזִיר (ז)
du veau	basar 'egel	בָּשָׂר עֵגֶל (ז)
eau (f)	'mayim	מַיִם (ז״ר)
eau (f) minérale	'mayim mine'raliyim	מַיִם מִינֶרָליִם (ז״ר)
eau (f) potable	mei ʃtiya	מֵי שׁתִייָה (ז״ר)
en chocolat (adj)	mi'ʃokolad	מִשׁוֹקוֹלָד
esturgeon (m)	basar haχidkan	בָּשָׂר הַחִדקָן (ז)
fèves (f pl)	pol	פּוֹל (ז)
farce (f)	basar taχun	בָּשָׂר טָחוּן (ז)
farine (f)	'kemaχ	קֶמַח (ז)
fenouil (m)	ʃamir	שָׁמִיר (ז)
feuille (f) de laurier	ale dafna	עֲלֵה דַפנָה (ז)
figue (f)	te'ena	תְּאֵנָה (נ)
flétan (m)	putit	פּוּטִית (נ)
flet (m)	dag moʃe ra'benu	דַג מֹשֶׁה רַבֵּנוּ (ז)
foie (m)	kaved	כָּבֵד (ז)
fourchette (f)	mazleg	מַזלֵג (ז)
fraise (f)	tut sade	תּוּת שָׂדֶה (ז)
fraise (f) des bois	tut 'ya'ar	תּוּת יַעַר (ז)
framboise (f)	'petel	פֶּטֶל (ז)
frit (adj)	metugan	מְטוּגָּן
froid (adj)	kar	קַר
fromage (m)	gvina	גבִינָה (נ)
fruit (m)	pri	פּרִי (ז)
fruits (m pl)	perot	פֵּירוֹת (ז״ר)
fruits (m pl) de mer	perot yam	פֵּירוֹת יָם (ז״ר)
fumé (adj)	me'uʃan	מְעוּשָׁן
gâteau (m)	uga	עוּגָה (נ)

gâteau (m)	pai	פָּאי (ז)
garniture (f)	milui	מִילוּי (ז)
garniture (f)	to'sefet	תּוֹסֶפֶת (נ)
gaufre (f)	'vaflim	וַפְלִים (ז"ר)
gazeuse (adj)	mugaz	מוּגָז
gibier (m)	'tsayid	צַיִד (ז)
gin (m)	dʒin	גִ'ין (ז)
gingembre (m)	'dʒindʒer	גִ'ינגְ'ר (ז)
girolle (f)	gvi'onit ne'e'xelet	גבִיעוֹנִית נֶאֱכֶלֶת (נ)
glace (f)	'kerax	קֶרַח (ז)
glace (f)	'glida	גלִידָה (נ)
glucides (m pl)	paxmema	פַחמֵימָה (נ)
goût (m)	'ta'am	טַעַם (ז)
gomme (f) à mâcher	'mastik	מַסטִיק (ז)
grains (m pl)	tvu'a	תבוּאָה (נ)
grenade (f)	rimon	רִימוֹן (ז)
groseille (f) rouge	dumdemanit aduma	דוּמדְמָנִית אֲדוּמָה (נ)
groseille (f) verte	xazarzar	חֲזַרזַר (ז)
gruau (m)	grisim	גרִיסִים (ז"ר)
hamburger (m)	'hamburger	הַמבּוּרגֶר (ז)
hareng (m)	ma'liax	מָלִיחַ (ז)
haricot (m)	ʃu'it	שְעוּעִית (נ)
hors-d'œuvre (m)	meta'aven	מְתַאֲבֵן (ז)
huître (f)	tsidpat ma'axal	צִדפַּת מַאֲכָל (נ)
huile (f) d'olive	'ʃemen 'zayit	שֶמֶן זַיִת (ז)
huile (f) de tournesol	'ʃemen xamaniyot	שֶמֶן חַמָנִיוֹת (ז)
huile (f) végétale	'ʃemen tsimxi	שֶמֶן צִמחִי (ז)
jambon (m)	basar xazir me'uʃan	בָּשָׂר חֲזִיר מְעוּשָן (ז)
jaune (m) d'œuf	xelmon	חֶלמוֹן (ז)
jus (m)	mits	מִיץ (ז)
jus (m) d'orange	mits tapuzim	מִיץ תַפּוּזִים (ז)
jus (m) de tomate	mits agvaniyot	מִיץ עַגבָנִיוֹת (ז)
jus (m) pressé	mits saxut	מִיץ סָחוּט (ז)
kiwi (m)	'kivi	קִיוִוי (ז)
légumes (m pl)	yerakot	יְרָקוֹת (ז"ר)
lait (m)	xalav	חָלָב (ז)
lait (m) condensé	xalav merukaz	חָלָב מְרוּכָּז (ז)
laitue (f), salade (f)	'xasa	חַסָה (נ)
langoustine (f)	'lobster kotsani	לוֹבּסטֶר קוֹצָנִי (ז)
langue (f)	laʃon	לָשוֹן (נ)
lapin (m)	arnav	אַרנָב (ז)
lentille (f)	adaʃim	עֲדָשִים (נ"ר)
les œufs	beitsim	בֵּיצִים (נ"ר)
les œufs brouillés	beitsat ain	בֵּיצַת עַיִן (נ)
limonade (f)	limo'nada	לִימוֹנָדָה (נ)
lipides (m pl)	ʃumanim	שוּמָנִים (ז"ר)
liqueur (f)	liker	לִיקֵר (ז)
mûre (f)	'petel ʃaxor	פֶּטֶל שָחוֹר (ז)
maïs (m)	'tiras	תִירָס (ז)
maïs (m)	'tiras	תִירָס (ז)
mandarine (f)	klemen'tina	קלֶמֶנטִינָה (נ)
mangue (f)	'mango	מַנגוֹ (ז)

maquereau (m)	kolyas	קוֹלְיָס (ז)
margarine (f)	marga'rina	מַרְגָּרִינָה (נ)
mariné (adj)	kavuʃ	כָּבוּש
marmelade (f)	marme'lada	מַרְמְלָדָה (נ)
melon (m)	melon	מֶלוֹן (ז)
merise (f)	gudgedan	גוּדְגְּדָן (ז)
miel (m)	dvaʃ	דְּבַש (ז)
miette (f)	perur	פֵּירוּר (ז)
millet (m)	'doχan	דּוֹחַן (ז)
morceau (m)	χatiχa	חֲתִיכָה (נ)
morille (f)	gamtsuts	גַמְצוּץ (ז)
morue (f)	ʃibut	שִיבּוּט (ז)
moutarde (f)	χardal	חַרְדָּל (ז)
myrtille (f)	uχmanit	אוּכְמָנִית (נ)
navet (m)	'lefet	לֶפֶת (נ)
noisette (f)	egoz ilsar	אֱגוֹז אִלְסָר (ז)
noix (f)	egoz 'meleχ	אֱגוֹז מֶלֶך (ז)
noix (f) de coco	'kokus	קוֹקוּס (ז)
nouilles (f pl)	irtiyot	אִטְרִיוֹת (נ״ר)
nourriture (f)	'oχel	אוֹכֶל (ז)
oie (f)	avaz	אֲוָז (ז)
oignon (m)	batsal	בָּצָל (ז)
olives (f pl)	zeitim	זֵיתִים (ז״ר)
omelette (f)	χavita	חֲבִיתָה (נ)
orange (f)	tapuz	תַּפּוּז (ז)
orge (f)	se'ora	שְעוֹרָה (נ)
oronge (f) verte	pitriya ra'ila	פִּטְרִיָּה רָעִילָה (נ)
ouvre-boîte (m)	potχan kufsa'ot	פּוֹתְחָן קוּפְסָאוֹת (ז)
ouvre-bouteille (m)	potχan bakbukim	פּוֹתְחָן בַּקְבּוּקִים (ז)
pâté (m)	pate	פָּטֶה (ז)
pâtes (m pl)	'pasta	פַּסְטָה (נ)
pétales (m pl) de maïs	ptitei 'tiras	פְּתִיתֵי תִירָס (ז״ר)
pétillante (adj)	mugaz	מוּגָז
pêche (f)	afarsek	אֲפַרְסֵק (ז)
pain (m)	'leχem	לֶחֶם (ז)
pamplemousse (m)	eʃkolit	אֶשְכּוֹלִית (נ)
papaye (f)	pa'paya	פַּפָּאיָה (נ)
paprika (m)	'paprika	פַּפְּרִיקָה (נ)
pastèque (f)	ava'tiaχ	אֲבַטִּיחַ (ז)
peau (f)	klipa	קְלִיפָּה (נ)
perche (f)	'okunus	אוֹקוּנוּס (ז)
persil (m)	petro'zilya	פֶּטְרוֹזִילְיָה (נ)
petit déjeuner (m)	aruχat 'boker	אֲרוּחַת בּוֹקֶר (נ)
petite cuillère (f)	kapit	כַּפִּית (נ)
pistaches (f pl)	'fistuk	פִּיסְטוּק (ז)
pizza (f)	'pitsa	פִּיצָה (נ)
plat (m)	mana	מָנָה (נ)
plate (adj)	lo mugaz	לא מוּגָז
poire (f)	agas	אַגָּס (ז)
pois (m)	afuna	אֲפוּנָה (נ)
poisson (m)	dag	דָּג (ז)
poivre (m) noir	'pilpel ʃaχor	פִּלְפֵּל שָחוֹר (ז)

poivre (m) rouge	'pilpel adom	פִּלְפֵּל אָדוֹם (ז)
poivron (m)	'pilpel	פִּלְפֵּל (ז)
pomme (f)	ta'puax	תַּפּוּחַ (ז)
pomme (f) de terre	ta'puax adama	תַּפּוּחַ אֲדָמָה (ז)
portion (f)	mana	מָנָה (נ)
potiron (m)	'dla'at	דְּלַעַת (נ)
poulet (m)	of	עוֹף (ז)
pourboire (m)	tip	טִיפ (ז)
protéines (f pl)	xelbonim	חֶלְבּוֹנִים (ז״ר)
prune (f)	ʃezif	שְׁזִיף (ז)
pudding (m)	'puding	פּוּדִינג (ז)
purée (f)	mexit tapuxei adama	מְחִית תַּפּוּחֵי אֲדָמָה (נ)
régime (m)	di''eta	דִּיאֶטָה (נ)
radis (m)	tsnonit	צְנוֹנִית (נ)
rafraîchissement (m)	maʃke mera'anen	מַשְׁקֶה מְרַעֲנֵן (ז)
raifort (m)	xa'zeret	חֲזֶרֶת (נ)
raisin (m)	anavim	עֲנָבִים (ז״ר)
raisin (m) sec	tsimukim	צִימוּקִים (ז״ר)
recette (f)	matkon	מַתְכּוֹן (ז)
requin (m)	kariʃ	כָּרִישׁ (ז)
rhum (m)	rom	רוֹם (ז)
riz (m)	'orez	אוֹרֶז (ז)
russule (f)	xarifit	חֲרִיפִית (נ)
sésame (m)	'ʃumʃum	שׁוּמְשׁוֹם (ז)
safran (m)	ze'afran	זְעֲפְרָן (ז)
salé (adj)	ma'luax	מָלוּחַ
salade (f)	salat	סָלָט (ז)
sandre (f)	amnun	אַמְנוּן (ז)
sandwich (m)	karix	כָּרִיךְ (ז)
sans alcool	natul alkohol	נָטוּל אַלְכּוֹהוֹל
sardine (f)	sardin	סַרְדִּין (ז)
sarrasin (m)	ku'semet	כּוּסֶמֶת (נ)
sauce (f)	'rotev	רוֹטֶב (ז)
sauce (f) mayonnaise	mayonez	מָיוֹנֵז (ז)
saucisse (f)	naknikiya	נַקְנִיקִיָּה (נ)
saucisson (m)	naknik	נַקְנִיק (ז)
saumon (m)	'salmon	סַלְמוֹן (ז)
saumon (m) atlantique	iltit	אִילְתִית (נ)
sec (adj)	meyubaʃ	מְיוּבָּשׁ
seigle (m)	ʃifon	שִׁיפוֹן (ז)
sel (m)	'melax	מֶלַח (ז)
serveur (m)	meltsar	מֶלְצָר (ז)
serveuse (f)	meltsarit	מֶלְצָרִית (נ)
silure (m)	sfamnun	שְׂפַמְנוּן (ז)
soja (m)	'soya	סוֹיָה (נ)
soucoupe (f)	taxtit	תַּחְתִּית (נ)
soupe (f)	marak	מָרָק (ז)
spaghettis (m pl)	spa'geti	סְפָּגֶטִי (ז)
steak (m)	umtsa, steik	אוּמְצָה (נ), סְטֵייק (ז)
sucré (adj)	matok	מָתוֹק
sucre (m)	sukar	סוּכָּר (ז)
tarte (f)	uga	עוּגָה (נ)

tasse (f)	'sefel	סֵפֶל (ז)
thé (m)	te	תֵה (ז)
thé (m) noir	te ʃaχor	תֵה שָׁחוֹר (ז)
thé (m) vert	te yarok	תֵה יָרוֹק (ז)
thon (m)	'tuna	טוּנָה (נ)
tire-bouchon (m)	maχlets	מַחלֵץ (ז)
tomate (f)	agvaniya	עַגבָנִייָה (נ)
tranche (f)	prusa	פּרוּסָה (נ)
truite (f)	forel	פּוֹרֵל (ז)
végétarien (adj)	tsimχoni	צִמחוֹנִי
végétarien (m)	tsimχoni	צִמחוֹנִי (ז)
verdure (f)	'yerek	יָרָק (ז)
vermouth (m)	'vermut	וֶרמוּט (ז)
verre (m)	kos	כּוֹס (נ)
verre (m) à vin	ga'vi'a	גָבִיעַ (ז)
viande (f)	basar	בָּשָׂר (ז)
vin (m)	'yayin	יַיִן (ז)
vin (m) blanc	'yayin lavan	יַיִן לָבָן (ז)
vin (m) rouge	'yayin adom	יַיִן אָדוֹם (ז)
vinaigre (m)	'χomets	חוֹמֶץ (ז)
vitamine (f)	vitamin	וִיטָמִין (ז)
vodka (f)	'vodka	ווֹדקָה (נ)
whisky (m)	'viski	וִיסקִי (ז)
yogourt (m)	'yogurt	יוֹגוּרט (ז)

תַּחְתִּית (נ)	taχtit	soucoupe (f)
כּוֹס (נ)	kos	verre (m)
גְּבִיעַ (ז)	ga'vi'a	verre (m) à vin
בָּשָׂר (ז)	basar	viande (f)
עוֹף (ז)	of	poulet (m)
בַּרְוָז (ז)	barvaz	canard (m)
אַוָּז (ז)	avaz	oie (f)
צַיִד (ז)	'tsayid	gibier (m)
הוֹדוּ (ז)	'hodu	dinde (f)
בָּשָׂר חֲזִיר (ז)	basar χazir	du porc
בָּשָׂר עֵגֶל (ז)	basar 'egel	du veau
בָּשָׂר כֶּבֶשׂ (ז)	basar 'keves	du mouton
בָּקָר (ז)	bakar	du bœuf
אַרְנָב (ז)	arnav	lapin (m)
נַקְנִיק (ז)	naknik	saucisson (m)
נַקְנִיקִיָּה (נ)	naknikiya	saucisse (f)
קוֹתֶל חֲזִיר (ז)	'kotel χazir	bacon (m)
בָּשָׂר חֲזִיר מְעוּשָּׁן (ז)	basar χazir meˈuʃan	jambon (m)
קוֹתֶל חֲזִיר מְעוּשָּׁן (ז)	'kotel χazir meˈuʃan	cuisse (f)
פָּטֶה (ז)	pate	pâté (m)
כָּבֵד (ז)	kaved	foie (m)
בָּשָׂר טָחוּן (ז)	basar taχun	farce (f)
לָשׁוֹן (נ)	laʃon	langue (f)
בֵּיצָה (נ)	beitsa	œuf (m)
בֵּיצִים (נ-ר)	beitsim	les œufs
חֶלְבּוֹן (ז)	χelbon	blanc (m) d'œuf
חֶלְמוֹן (ז)	χelmon	jaune (m) d'œuf
דָּג (ז)	dag	poisson (m)
פֵּירוֹת יָם (ז-ר)	perot yam	fruits (m pl) de mer
קַוְויָאר (ז)	kavyar	caviar (m)
סַרְטָן יָם (ז)	sartan yam	crabe (m)
שְׁרִימְפְּס (ז-ר)	ʃrimps	crevette (f)
צִדְפַּת מַאֲכָל (נ)	tsidpat maˈaχal	huître (f)
לוֹבְּסְטֶר קוֹצָנִי (ז)	'lobster kotsani	langoustine (f)
קָלָמָארִי (ז)	kala'mari	calamar (m)
בָּשָׂר הַחִדְקָן (ז)	basar haχidkan	esturgeon (m)
סַלְמוֹן (ז)	'salmon	saumon (m)
פּוּטִית (נ)	putit	flétan (m)
שִׁיבּוּט (ז)	ʃibut	morue (f)
קוֹלְייָס (ז)	kolyas	maquereau (m)
טוּנָה (נ)	'tuna	thon (m)
צְלוֹפָח (ז)	tslofaχ	anguille (f)
פוֹרֶל (ז)	forel	truite (f)
סַרְדִּין (ז)	sardin	sardine (f)

זְאֵב מַיִם (ז)	ze'ev 'mayim	brochet (m)
מָלִיחַ (ז)	ma'liaχ	hareng (m)
לֶחֶם (ז)	'leχem	pain (m)
גְּבִינָה (נ)	gvina	fromage (m)
סוּכָּר (ז)	sukar	sucre (m)
מֶלַח (ז)	'melaχ	sel (m)
אוֹרֶז (ז)	'orez	riz (m)
פַּסְטָה (נ)	'pasta	pâtes (m pl)
אַטְרִיּוֹת (נ״ר)	irtiyot	nouilles (f pl)
חֶמְאָה (נ)	χem'a	beurre (m)
שֶׁמֶן צִמְחִי (ז)	'ʃemen tsimχi	huile (f) végétale
שֶׁמֶן חַמָּנִיּוֹת (ז)	'ʃemen χamaniyot	huile (f) de tournesol
מַרְגָּרִינָה (נ)	marga'rina	margarine (f)
זֵיתִים (ז״ר)	zeitim	olives (f pl)
שֶׁמֶן זַיִת (ז)	'ʃemen 'zayit	huile (f) d'olive
חָלָב (ז)	χalav	lait (m)
חָלָב מְרוּכָּז (ז)	χalav merukaz	lait (m) condensé
יוֹגוּרט (ז)	'yogurt	yogourt (m)
שַׁמֶּנֶת (נ)	ʃa'menet	crème (f) aigre
שַׁמֶּנֶת (נ)	ʃa'menet	crème (f)
מָיוֹנֵז (ז)	mayonez	sauce (f) mayonnaise
קַצֶּפֶת חֶמְאָה (נ)	ka'tsefet χem'a	crème (f) au beurre
גְּרִיסִים (ז״ר)	grisim	gruau (m)
קֶמַח (ז)	'kemaχ	farine (f)
שִׁימוּרִים (ז״ר)	ʃimurim	conserves (f pl)
פְּתִיתֵי תִּירָס (ז״ר)	ptitei 'tiras	pétales (m pl) de maïs
דְּבַשׁ (ז)	dvaʃ	miel (m)
רִיבָּה (נ)	riba	confiture (f)
מַסְטִיק (ז)	'mastik	gomme (f) à mâcher
מַיִם (ז״ר)	'mayim	eau (f)
מֵי שְׁתִיָּה (ז״ר)	mei ʃtiya	eau (f) potable
מַיִם מִינָרָלִיִּים (ז״ר)	'mayim mine'raliyim	eau (f) minérale
לֹא מוּגָז	lo mugaz	plate (adj)
מוּגָז	mugaz	gazeuse (adj)
מוּגָז	mugaz	pétillante (adj)
קֶרַח (ז)	'keraχ	glace (f)
עִם קֶרַח	im 'keraχ	avec de la glace
נָטוּל אַלְכּוֹהוֹל	natul alkohol	sans alcool
מַשְׁקֶה קַל (ז)	maʃke kal	boisson (f) non alcoolisée
מַשְׁקֶה מְרַעֲנֵן (ז)	maʃke mera'anen	rafraîchissement (m)
לִימוֹנָדָה (נ)	limo'nada	limonade (f)
מַשְׁקָאוֹת חָרִיפִים (ז״ר)	maʃka'ot χarifim	boissons (f pl) alcoolisées
יַיִן (ז)	'yayin	vin (m)
יַיִן לָבָן (ז)	'yayin lavan	vin (m) blanc
יַיִן אָדוֹם (ז)	'yayin adom	vin (m) rouge
לִיקֵר (ז)	liker	liqueur (f)
שַׁמְפַּנְיָה (נ)	ʃam'panya	champagne (m)
וֶרְמוּט (ז)	'vermut	vermouth (m)
וִיסְקִי (ז)	'viski	whisky (m)
וֹדְקָה (נ)	'vodka	vodka (f)

ג׳ין (ז)	dʒin	gin (m)
קוֹנְיָאק (ז)	'konyak	cognac (m)
רוֹם (ז)	rom	rhum (m)
קָפֶה (ז)	kafe	café (m)
קָפֶה שָׁחוֹר (ז)	kafe ʃaχor	café (m) noir
קָפֶה הָפוּךְ (ז)	kafe hafuχ	café (m) au lait
קַפּוּצ׳ִינוֹ (ז)	kapu'tʃino	cappuccino (m)
קָפֶה נָמֵס (ז)	kafe names	café (m) soluble
קוֹקְטֵיל (ז)	kokteil	cocktail (m)
מִילְקְשֵׁייק (ז)	'milkʃeik	cocktail (m) au lait
מִיץ (ז)	mits	jus (m)
מִיץ עַגְבָנִיּוֹת (ז)	mits agvaniyot	jus (m) de tomate
מִיץ תַּפּוּזִים (ז)	mits tapuzim	jus (m) d'orange
מִיץ סָחוּט (ז)	mits saχut	jus (m) pressé
בִּירָה (נ)	'bira	bière (f)
בִּירָה בָּהִירָה (נ)	'bira bahira	bière (f) blonde
בִּירָה כֵּהָה (נ)	'bira keha	bière (f) brune
תֵּה (ז)	te	thé (m)
תֵּה שָׁחוֹר (ז)	te ʃaχor	thé (m) noir
תֵּה יָרוֹק (ז)	te yarok	thé (m) vert
יְרָקוֹת (ז״ר)	yerakot	légumes (m pl)
יָרָק (ז)	'yerek	verdure (f)
עַגְבָנִיָּה (נ)	agvaniya	tomate (f)
מְלָפְפוֹן (ז)	melafefon	concombre (m)
גֶּזֶר (ז)	'gezer	carotte (f)
תַּפּוּחַ אֲדָמָה (ז)	ta'puaχ adama	pomme (f) de terre
בָּצָל (ז)	batsal	oignon (m)
שׁוּם (ז)	ʃum	ail (m)
כְּרוּב (ז)	kruv	chou (m)
כְּרוּבִית (נ)	kruvit	chou-fleur (m)
כְּרוּב נִצָּנִים (ז)	kruv nitsanim	chou (m) de Bruxelles
בְּרוֹקוֹלִי (ז)	'brokoli	brocoli (m)
סֶלֶק (ז)	'selek	betterave (f)
חָצִיל (ז)	χatsil	aubergine (f)
קִישׁוּא (ז)	kiʃu	courgette (f)
דְּלַעַת (נ)	'dla'at	potiron (m)
לֶפֶת (נ)	'lefet	navet (m)
פֶּטְרוֹזִילְיָה (נ)	petro'zilya	persil (m)
שָׁמִיר (ז)	ʃamir	fenouil (m)
חַסָּה (נ)	'χasa	laitue (f), salade (f)
סֶלֶרִי (ז)	'seleri	céleri (m)
אַסְפָּרָגוֹס (ז)	aspa'ragos	asperge (f)
תֶּרֶד (ז)	'tered	épinard (m)
אֲפוּנָה (נ)	afuna	pois (m)
פּוֹל (ז)	pol	fèves (f pl)
חִירָס (ז)	'tiras	maïs (m)
שְׁעוּעִית (נ)	ʃu'it	haricot (m)
פִּלְפֵּל (ז)	'pilpel	poivron (m)
צְנוֹנִית (נ)	tsnonit	radis (m)
אַרְטִישׁוֹק (ז)	artiʃok	artichaut (m)
פְּרִי (ז)	pri	fruit (m)
תַּפּוּחַ (ז)	ta'puaχ	pomme (f)

אַגָס (ז)	agas	poire (f)
לִימוֹן (ז)	limon	citron (m)
תַפוּז (ז)	tapuz	orange (f)
תוּת שָׂדֶה (ז)	tut sade	fraise (f)
קְלֶמֶנְטִינָה (נ)	klemen'tina	mandarine (f)
שְׁזִיף (ז)	ʃezif	prune (f)
אַפַרְסֵק (ז)	afarsek	pêche (f)
מִשְׁמֵשׁ (ז)	'miʃmeʃ	abricot (m)
פֶּטֶל (ז)	'petel	framboise (f)
אָנָנָס (ז)	'ananas	ananas (m)
בַּנָנָה (נ)	ba'nana	banane (f)
אֲבַטִיחַ (ז)	ava'tiaχ	pastèque (f)
עֲנָבִים (ז־ר)	anavim	raisin (m)
מֶלוֹן (ז)	melon	melon (m)
אֶשְׁכּוֹלִית (נ)	eʃkolit	pamplemousse (m)
אָבוֹקָדוֹ (ז)	avo'kado	avocat (m)
פַּפָּאיָה (נ)	pa'paya	papaye (f)
מַנְגוֹ (ז)	'mango	mangue (f)
רִימוֹן (ז)	rimon	grenade (f)
דומדְמָנִית אֲדוּמָה (נ)	dumdemanit aduma	groseille (f) rouge
דומדְמָנִית שְׁחוֹרָה (נ)	dumdemanit ʃχora	cassis (m)
חֲזַרְזַר (ז)	χazarzar	groseille (f) verte
אוּכְמָנִית (נ)	uχmanit	myrtille (f)
פֶּטֶל שָׁחוֹר (ז)	'petel ʃaχor	mûre (f)
צִימוּקִים (ז־ר)	ʦimukim	raisin (m) sec
תְּאֵנָה (נ)	te'ena	figue (f)
תָּמָר (ז)	tamar	datte (f)
בּוֹטְנִים (ז־ר)	botnim	cacahuète (f)
שָׁקֵד (ז)	ʃaked	amande (f)
אֱגוֹז מֶלֶךְ (ז)	egoz 'meleχ	noix (f)
אֱגוֹז אִלְסָר (ז)	egoz ilsar	noisette (f)
קוֹקוּס (ז)	'kokus	noix (f) de coco
פִּיסְטוּק (ז)	'fistuk	pistaches (f pl)
מוֹצְרֵי קוֹנְדִיטוֹרָיָה (ז־ר)	muʦrei kondi'torya	confiserie (f)
עוּגִיָה (נ)	ugiya	biscuit (m)
שׁוֹקוֹלָד (ז)	'ʃokolad	chocolat (m)
מְשׁוֹקוֹלָד	mi'ʃokolad	en chocolat (adj)
סוּכָּרִיָּה (נ)	sukariya	bonbon (m)
עוּגָה (נ)	uga	gâteau (m)
עוּגָה (נ)	uga	tarte (f)
פַּאי (ז)	pai	gâteau (m)
מִילוּי (ז)	milui	garniture (f)
רִיבָּה (נ)	riba	confiture (f)
מַרְמֶלָדָה (נ)	marme'lada	marmelade (f)
וָפְלִים (ז־ר)	'vaflim	gaufre (f)
גְלִידָה (נ)	'glida	glace (f)
מָנָה (נ)	mana	plat (m)
מִטְבָּח (ז)	mitbaχ	cuisine (f)
מַתְכּוֹן (ז)	matkon	recette (f)
מָנָה (נ)	mana	portion (f)
סָלָט (ז)	salat	salade (f)
מָרָק (ז)	marak	soupe (f)

מָרָק צַח, צִיר (ז)	marak tsaχ, tsir	bouillon (m)
כָּרִיךְ (ז)	kariχ	sandwich (m)
בֵּיצַת עַיִן (נ)	beitsat ain	les œufs brouillés
הַמְבּוּרְגֶּר (ז)	'hamburger	hamburger (m)
אוּמְצָה (נ), סְטֵייק (ז)	umtsa, steik	steak (m)
תּוֹסֶפֶת (נ)	to'sefet	garniture (f)
סְפָּגֶטִי (ז)	spa'geti	spaghettis (m pl)
מְחִית תַּפּוּחֵי אֲדָמָה (נ)	meχit tapuχei adama	purée (f)
פִּיצָה (נ)	'pitsa	pizza (f)
דַּיְיסָה (נ)	daysa	bouillie (f)
חֲבִיתָה (נ)	χavita	omelette (f)
מְבוּשָּׁל	mevuʃal	cuit à l'eau (adj)
מְעוּשָׁן	me'uʃan	fumé (adj)
מְטוּגָּן	metugan	frit (adj)
מְיוּבָּשׁ	meyubaʃ	sec (adj)
קָפוּא	kafu	congelé (adj)
כָּבוּשׁ	kavuʃ	mariné (adj)
מָתוֹק	matok	sucré (adj)
מָלוּחַ	ma'luaχ	salé (adj)
קַר	kar	froid (adj)
חַם	χam	chaud (adj)
מָרִיר	marir	amer (adj)
טָעִים	ta'im	bon (adj)
קְלִיפָּה (נ)	klipa	peau (f)
פִּלְפֵּל שָׁחוֹר (ז)	'pilpel ʃaχor	poivre (m) noir
פִּלְפֵּל אָדוֹם (ז)	'pilpel adom	poivre (m) rouge
חַרְדָּל (ז)	χardal	moutarde (f)
חֲזֶרֶת (נ)	χa'zeret	raifort (m)
רוֹטֶב (ז)	'rotev	condiment (m)
תַּבְלִין (ז)	tavlin	épice (f)
רוֹטֶב (ז)	'rotev	sauce (f)
חוֹמֶץ (ז)	'χomets	vinaigre (m)
כַּמְנוֹן (ז)	kamnon	anis (m)
רֵיחָן (ז)	reχan	basilic (m)
צִיפּוֹרֶן (ז)	tsi'poren	clou (m) de girofle
גִּ'ינְגֶ'ר (ז)	'dʒindʒer	gingembre (m)
כּוּסְבָּרָה (נ)	'kusbara	coriandre (m)
קִינָמוֹן (ז)	kinamon	cannelle (f)
שׁוּמְשׁוֹם (ז)	'ʃumʃum	sésame (m)
עֲלֵה דַּפְנָה (ז)	ale dafna	feuille (f) de laurier
פַּפְרִיקָה (נ)	'paprika	paprika (m)
קִימֶל (ז)	'kimel	cumin (m)
זַעֲפְרָן (ז)	ze'afran	safran (m)
אוֹכֶל (ז)	'oχel	nourriture (f)
אֲרוּחַת בּוֹקֶר (נ)	aruχat 'boker	petit déjeuner (m)
אֲרוּחַת צָהֳרַיִם (נ)	aruχat tsaha'rayim	déjeuner (m)
אֲרוּחַת עֶרֶב (נ)	aruχat 'erev	dîner (m)
תֵּיאָבוֹן (ז)	te'avon	appétit (m)
בְּתֵיאָבוֹן!	betei'avon!	Bon appétit!
טַעַם (ז)	'ta'am	goût (m)
טַעַם לְוַואי (ז)	'ta'am levai	arrière-goût (m)
דִּיאֵטָה (נ)	di"eta	régime (m)

וִיטָמִין (ז)	vitamin	vitamine (f)
קָלוֹרְיָה (נ)	ka'lorya	calorie (f)
צִמְחוֹנִי (ז)	tsimχoni	végétarien (m)
צִמְחוֹנִי	tsimχoni	végétarien (adj)
שׁוּמָנִים (ז״ר)	ʃumanim	lipides (m pl)
חֶלְבּוֹנִים (ז״ר)	χelbonim	protéines (f pl)
פַּחְמֵימָה (נ)	paχmema	glucides (m pl)
פְּרוּסָה (נ)	prusa	tranche (f)
חֲתִיכָה (נ)	χatiχa	morceau (m)
פֵּירוּר (ז)	perur	miette (f)
כַּף (נ)	kaf	cuillère (f)
סַכִּין (ז, נ)	sakin	couteau (m)
מַזְלֵג (ז)	mazleg	fourchette (f)
סֵפֶל (ז)	'sefel	tasse (f)
צַלַּחַת (נ)	tsa'laχat	assiette (f)
קֵיסָם שִׁינַּיִים (ז)	keisam ʃi'nayim	cure-dent (m)
בָּר, פָּאבּ (ז)	bar, pab	bar (m)
מֶלְצָר (ז)	meltsar	serveur (m)
מֶלְצָרִית (נ)	meltsarit	serveuse (f)
בַּרְמֶן (ז)	'barmen	barman (m)
תַּפְרִיט (ז)	tafrit	carte (f)
רְשִׁימַת יֵינוֹת (נ)	reʃimat yeynot	carte (f) des vins
מַשְׁקֶה מְתַאֲבֵן (ז)	maʃke meta'aven	apéritif (m)
מְתַאֲבֵן (ז)	meta'aven	hors-d'œuvre (m)
קִינּוּחַ (ז)	ki'nuaχ	dessert (m)
חֶשְׁבּוֹן (ז)	χeʃbon	addition (f)
טִיפּ (ז)	tip	pourboire (m)
כַּפִּית (נ)	kapit	petite cuillère (f)
כַּף (נ)	kaf	cuillère (f) à soupe
פּוֹתְחָן בַּקְבּוּקִים (ז)	potχan bakbukim	ouvre-bouteille (m)
פּוֹתְחָן קוּפְסָאוֹת (ז)	potχan kufsa'ot	ouvre-boîte (m)
מַחְלֵץ (ז)	maχlets	tire-bouchon (m)
אַבְרוֹמָה (נ)	avroma	brème (f)
קַרְפְּיוֹן (ז)	karpiyon	carpe (f)
אוֹקוּנוּס (ז)	'okunus	perche (f)
שְׂפַמְנוּן (ז)	sfamnun	silure (m)
אִילְתִּית (נ)	iltit	saumon (m) atlantique
דָּג מֹשֶׁה רַבֵּנוּ (ז)	dag moʃe ra'benu	flet (m)
אַמְנוּן (ז)	amnun	sandre (f)
כָּרִישׁ (ז)	kariʃ	requin (m)
פִּטְרִיָּה (נ)	pitriya	champignon (m)
פִּטְרִיָּה רְאוּיָה לְמַאֲכָל	pitriya ra'uya lema'aχal	champignon (m) comestible
פִּטְרִיָּה רַעֲלָה (נ)	pitriya ra'ila	champignon (m) vénéneux
פּוֹרְצִ'ינִי (ז)	por'tʃini	cèpe (m)
פִּטְרִיַּת כּוֹבַע אֲדוּמָה (נ)	pitriyat 'kova aduma	bolet (m) orangé
פִּטְרִיַּת יַעַר (נ)	pitriyat 'ya'ar	bolet (m) bai
גְּבִיעוֹנִית נֶאֱכֶלֶת (נ)	gvi'onit ne'e'χelet	girolle (f)
חֲרִיפִית (נ)	χarifit	russule (f)
גַּמְצוּץ (ז)	gamtsuts	morille (f)
זְבוּבָנִית (נ)	zvuvanit	amanite (f) tue-mouches

פְּטְרְיָּה רָעִילָה (נ)	pitriya ra'ila	oronge (f) verte
פֵּירוֹת (ז״ר)	perot	fruits (m pl)
חֲמוּצִית (נ)	χamutsit	canneberge (f)
קִיוִוי (ז)	'kivi	kiwi (m)
גַּרְגַּר (ז)	garger	baie (f)
גַּרְגְּרִים (ז״ר)	gargerim	baies (f pl)
אוכמָנִית אֲדוּמָה (נ)	uχmanit aduma	airelle (f) rouge
תּוּת יַעַר (ז)	tut 'ya'ar	fraise (f) des bois
תּבוּאָה (נ)	tvu'a	grains (m pl)
דְּגָנִים (ז״ר)	dganim	céréales (f pl)
שִׁיבּוֹלֶת (נ)	ʃi'bolet	épi (m)
חִיטָּה (נ)	χita	blé (m)
שִׁיפוֹן (ז)	ʃifon	seigle (m)
שִׁיבּוֹלֶת שׁוּעָל (נ)	ʃi'bolet ʃu'al	avoine (f)
דּוֹחַן (ז)	'doχan	millet (m)
שְׂעוֹרָה (נ)	se'ora	orge (f)
תִּירָס (ז)	'tiras	maïs (m)
כּוּסֶמֶת (נ)	ku'semet	sarrasin (m)
סוֹיָה (נ)	'soya	soja (m)
עֲדָשִׁים (נ״ר)	adaʃim	lentille (f)
סַרְטָנָאִים (ז״ר)	sartana'im	crustacés (m pl)
דּוּבדְבָן (ז)	duvdevan	cerise (f)
גוּדגְּדָן (ז)	gudgedan	merise (f)
פּוּדִינג (ז)	'puding	pudding (m)

35693536R00120

Printed in Great Britain
by Amazon